Aus der Liebe leben –
Ein Gespräch mit Heribert Körlings über Leben und Tod

Eugen Drewermann/Heribert Körlings

Aus der Liebe leben – Ein Gespräch mit Heribert Körlings über Leben und Tod

Eugen Drewermann antwortet jungen Menschen

Patmos Verlag

VERLAGSGRUPPE PATMOS

PATMOS
ESCHBACH
GRÜNEWALD
THORBECKE
SCHWABEN
VER SACRUM

Die Verlagsgruppe
mit Sinn für das Leben

MIX
Papier | Fördert
gute Waldnutzung
FSC® C083411

Die Verlagsgruppe Patmos ist sich ihrer Verantwortung gegenüber unserer Umwelt bewusst. Wir folgen dem Prinzip der Nachhaltigkeit und streben den Einklang von wirtschaftlicher Entwicklung, sozialer Sicherheit und Erhaltung unserer natürlichen Lebensgrundlagen an. Näheres zur Nachhaltigkeitsstrategie der Verlagsgruppe Patmos auf unserer Website www.verlagsgruppe-patmos.de/nachhaltig-gut-leben

Verlagsgruppe Patmos in der Schwabenverlag AG, Ostfildern
www.verlagsgruppe-patmos.de

Umschlaggestaltung: Finken & Bumiller, Stuttgart
Umschlagabbildung: Harrowing of hell, Markos Bathas (1498–1578), via Wikimedia Commons
Gestaltung, Satz und Repro: Schwabenverlag AG, Ostfildern
Druck: CPI books GmbH, Leck
Hergestellt in Deutschland
ISBN 978-3-8436-1385-9

Inhalt

Vorwort

Eugen Drewermann führte am 16. März 2023 mit Schülerinnen und Schülern der Religions- und Philosophiekurse aus der Sekundarstufe II des Kaiser-Karls-Gymnasiums in Aachen ein intensives Gespräch, das über 90 Minuten dauerte.

„Was kommt auf uns zu?"

Unter diesem Motto hatten die jungen Leute ihre unterschiedlichen Fragen gesammelt. Fragen nach dem Lebensbezug der christlichen Hoffnung standen im Vordergrund. Aber auch die damit verbundenen Jenseitsvorstellungen kamen zur Sprache.

Unser geschätzter Gesprächspartner Eugen Drewermann nahm die in diesem Buch *kursiv* gesetzten Fragen und Anmerkungen der Jugendlichen interessiert und einfühlsam auf. Nach dem Gespräch bedankten sich einige von ihnen persönlich für seine weiterführenden Antworten, bei denen selbstverständlich Fragen offenblieben. Angeregt von der Gesprächsatmosphäre und den Beiträgen Drewermanns, setzten die Lernenden unmittelbar danach die Diskussion im Unterricht fort.

Eugen Drewermann schlug mir vor, den begonnenen Dialog miteinander am 21. und 22. Juni 2023 in Paderborn fortzusetzen, um den jungen Leuten in einem Gesprächsbuch zu antworten. Ausgehend von den Fragen der jungen Menschen, sie vertiefend und darauf zurückgreifend, führten wir ein bewegendes, über sechs Stunden langes Gespräch miteinander. Diese außergewöhnliche Begegnung mit Eugen Drewermann, dem ich seit über vierzig Jahren herzlich verbunden bin, wird mir unvergesslich bleiben.

Der Wunsch des christlichen Schriftstellers Kurt Marti, der Glaube an Gott werde ein Tätigkeitswort, kennzeichnet die Art und Weise, wie Eugen Drewermann jungen Menschen antwortet: Er bringt ihnen in eingehenden, anschaulichen, aufrüttelnden Erläuterungen biblische, glaubensgeschichtliche, politische und existenzielle Gesichtspunkte nahe, die mit ihren Fragen nach dem Leben und nach dem Glauben zusammenhängen. Der Lebensbezug der christlichen Botschaft ist Eugen Drewermann wichtig. Auf die Aktualität seiner Ausführungen weist er an einigen Stellen besonders nachdrücklich hin.

Das Buch enthält vielfältige Anregungen, um im Religionsunterricht über das Leben und über den Glauben nachzudenken und zu diskutieren. Es weist außerdem auf Zusammenhänge hin, die über schulische Situationen hinausgehen.

Durch seine Themenvielfalt und mit seinen zum Teil zugespitzten, provozierenden Ausführungen ermöglicht das Gesprächsbuch, die eigene Auffassung zu reflektieren und sich mit der Position anderer produktiv auseinanderzusetzen, sodass sich neue Lebens- und Handlungsmöglichkeiten zeigen können.

Probieren Sie es selbst!

Herzogenrath, im Frühjahr 2024
HERIBERT KÖRLINGS

Kapitel 1

Auf dem Weg zu mir selbst

Eine lange Hoffnungsgeschichte

HERIBERT KÖRLINGS: Lieber Herr Doktor DREWERMANN, Sie sind gestern 83 Jahre alt geworden. Sie blicken auf ein langes, bewegtes Leben zurück. Das ist sicher auch eine lange und bewegte Glaubens- und Hoffnungsgeschichte. Können Sie erzählen, was Sie als junger Mann in der Abiturzeit mit achtzehn oder neunzehn gehofft haben? Was war Ihre Erwartung?

EUGEN DREWERMANN: In „Eine Art Leben“, seiner Autobiografie, hat GRAHAM GREENE einmal geschrieben: „Ein Schriftsteller behält all die Fragen, die er mit siebzehn Jahren gehabt hat, sein Leben lang bei.“ Genauso ist es mir ergangen. Ich hatte in der Abiturzeit, nach der Sie fragen, all die Probleme, die ich versucht habe, in der späteren Zeit für mich selbst und für die Menschen, die mit mir zu tun hatten, in irgendeiner Form zu beantworten. Manche musste ich als unbeantwortbar stehen lassen oder gegen den Eindruck der Unlösbarkeit anzugehen versuchen, mit allen Mitteln: Es ging um zwei Fragen, eine unmittelbar moralisch praktische und eine grundsätzlich theologische.

Das erste Problem damals war für mich die Wiederbewaffnung Deutschlands. Sie müssen sich die Situation in ihrer Ungeheuerlichkeit vorstellen: Ich wusste damals, dass ich niemals auf staatlichen Befehl lernen würde, wie man Menschen tötet, und Befehle dieser Art auch auszuführen. Mit einem Eid sogar zum Gehorsam, gelobt vor einem Militärgeistlichen, der Gottes Segen dafür verspricht. Ich habe die Botschaft Jesu so nicht verstehen wollen, nicht verstehen können. Und mich dadurch im Widerspruch befunden zu einer Kirche, die von sich glaubt und glauben machen will, dass sie im Auftrag und in der Begleitung des Heiligen Geistes die Garantie der göttlichen Wahrheit für die Welt sei. Das alles war ein solcher Widerspruch!

PAPST PIUS XII. verkündete damals, dass selbst ein Atomkrieg ein Zeichen für den Gerechtigkeitswillen Gottes sein könne. Ich konnte nur sagen, es ist ein Massenmord, den Gott bestimmt nicht will, nicht der Vater Jesu Christi, den er uns bringen wollte; da kann der Papst in seiner Weihnachtsbotschaft sagen, was er will. Er widerlegt die ganze Weihnachtsbotschaft durch die eigenen Worte. Nicht mit mir! Das galt es durchzuhalten auch in der Schule, einem staatlichen Gymnasium, wo genauso gedacht wurde.

Damals, ab 1956, war die gesamte deutsche Bevölkerung nach Jahren eines mobilisierten Widerstandes gegen die Wiederbewaffnung dennoch wieder gehorsam angetreten in Reih und Glied, kaum dass es entschieden war im deutschen Parlament, eigentlich entsprechend dem ADENAUER-Spruch: „Sicherheit, keine Experimente". Mit anderen Worten: Ich hatte lauter Leute vor mir, die entweder schon im Ersten Weltkrieg gewesen waren, wie mein eigener Vater, die im Zweiten Weltkrieg gewesen waren, wie noch einmal mein eigener Vater. Ein sogenannter Volkssturm, lauter Leute also, die in all das, was ich zutiefst ablehnte als unchristlich, mit Überzeugung verwickelt waren und in Bereitschaft standen, genau dasselbe fortzusetzen. Diese Einsamkeit war enorm. Aber sie hat mich gelehrt, bei dem zu bleiben, was mir das Gewissen sagt, und daran zu arbeiten, dass das, was das Gewissen sagt, nicht mehr länger als ein hinnehmbarer Irrtum erschien. Das war damals im Deutschen Bundestag die Formel zur Erlaubnis der Wehrdienstverweigerung. Eigentlich sollte sie verboten sein, wie in Frankreich, wie in der DDR. Sie wurde nur zugelassen, weil der CDU-Abgeordnete PETER NELLEN aus Münster erklärte, die Katholische Kirche lehre genau das, was im Bundestag der als Experte hinzugezogene Jesuitenpater GUNDLACH als Lehrmeinung des Papstes vorgetragen hatte: Kein Katholik hat im Falle eines ungerechten Angriffs das Recht, sich auf sein Gewissen zu berufen und den Wehrdienst zu verweigern. Zum Überfall auf Russland 1941, der 27 Millionen Sowjetbürger das Leben gekostet hatte, vertrat die katholische Kirche die Meinung, es handle sich um einen Überfall gegen den marxistischen Atheismus, und jetzt 1956 wieder dasselbe – man müsse gehorsam zur Verteidigung Gottes über Leichen gehen und dürfe sich nicht gegen Kirche und Staat auf sein Gewissen berufen.

Doch dieselbe Kirche, betonte NELLEN, lehre auch, dass jeder seinem eigenen Gewissen, selbst wenn es fehlbar sei, gehorchen müsse. Für diese Klausel des fehlbaren Gewissens wurde mit den nötigen Stimmen damals im Bundestag die Erlaubnis der Wehrdienstverweigerung aus Gewissensgründen durchgesetzt.

Mein Problem war dabei, dass ich mein Gewissen bis heute absolut nicht für fehlbar halte in diesem Punkt, sondern als einen Ausdruck dessen, was im Neuen Testament steht und was nach meiner Meinung Jesus in der Bergpredigt genau so sagt: „Liebet eure Feinde" (Mt 5,44). Das kann nicht bedeuten: Schießt sie alle über den Haufen und fahrt mit Panzerketten über den Berg von Toten hinweg. Irgendwo ist eine Grenze dessen, was man plausibel reden kann. Im Herzen eines jeden Menschen redet die Stimme Gottes, die ihm sagt: „Du darfst nicht töten."

Das zweite Problem, das sich mir damals aufdrängte, war die Art der Glaubenslehre der katholischen Kirche. Das fing an in den Tagen, als ich ein Kommunionkind war. Am Anfang des Nachdenkens, spätestens mit zehn oder zwölf Jahren, stand ich vor der Frage, wie es denn möglich sein soll, die Bibel wörtlich zu lesen? Da redet in Gen 3,1–7 eine Schlange, doch Geschichten dieser Art mit sprechenden Tieren kannte ich auch aus dem Märchenbuch. Dann werden durch Begleitung zauberhafter Mächte Kranke geheilt, Wunder gewirkt, auch das kannte ich aus Heiligenlegenden und den Mythen anderer Religionen.

Zum Beispiel kann man vieles von dem, was von Jesus berichtet wird, auch in den BUDDHA-Erzählungen nachlesen. Was also stimmt dann?

Erst viel später wurde ich der Psychoanalyse dankbar, dass sie mich lehrte, wie wichtig Träume, Bilder, Symbole und Geschichten sind, die sich im historischen Sinne als unwahr darstellen, die wir aber dringend brauchen, um unsere eigene Biografie und die menschliche Geschichte besser zu verstehen. Das wurde für mich zu einem wichtigen Ansatzpunkt, den ich als Theologe in die Exegese zurückbringen wollte, an dem ich lange Jahre gearbeitet und worüber ich manche Bücher geschrieben habe.

Die Forderung der Selbstoptimierung

HERIBERT KÖRLINGS: Ihre eigene Position hat Sie einsam gemacht. Das kann ich mir gut vorstellen und das ist auch ein Problem vieler Jugendlicher, gerade zur Abiturzeit. Die Hoffnung der Jugendlichen, wenn man sie danach fragt, was sie vorhaben, bezieht sich auf die Entwicklung ihrer eigenen Persönlichkeit.

EUGEN DREWERMANN: Deswegen möchte ich allen Jugendlichen, auch in diesem Gespräch, jetzt gerne sagen: Einsamkeit gehört dazu, um die Individualität einer Persönlichkeit auszubilden. Nur durch diesen schmalen Weg gelangt ihr dazu, wirkliche Verbindung herzustellen. Wenn es bei euch nicht stimmt, wenn ihr nur Theater spielt, wenn ihr euch nur fragt „Wie kommen wir an die Zustimmung anderer?“, dann belügt ihr als Erstes euch selbst, verfehlt ihr euch selbst in eurem Inneren. Und die Beziehungen, die sich dann aufbauen, sind samt und sonders nicht nur doppelbödig, sie sind einfach falsch. Man liebt euch am Ende für das, was ihr nicht seid, doch anderen meint zeigen zu müssen, damit man nicht sieht, wer ihr wirklich seid. Das ist ein Trugspiel, bei dem man umso sicherer sich selbst im Glauben verliert, nach außen hin immer erfolgreicher dazustehen.

Heribert Körlings: Das heißt im Bild formuliert: Sucht und findet euren eigenen Weg, den ihr gehen könnt.

Welche Bedeutung hat Selbstoptimierung; ist Selbstoptimierung immer falsch? Inwiefern kann man sagen: An mir selbst zu arbeiten ist sinnvoll, aber Selbstoptimierung ist ein Schlagwort?

Eugen Drewermann: „Selbstoptimierung" kann durchaus ein verführerisches und deshalb falsches Wort sein. Ich interpretiere den Begriff auf zwei Ebenen: Selbstoptimierung kann den Wunsch bezeichnen, die Selbstdarstellung in den Augen anderer zu verbessern – im Internet meinetwegen. Dann bleibt die Frage, wie viele Follower finde ich, wie werde ich der beste Influencer, wie ist meine Selbstdarstellung werbegerecht am besten zu montieren und zu demonstrieren? Das alles läuft im Grunde auf eine Serie von Lügen und Abweichungen von sich selbst hinaus; es führt und verführt zu Scheinexistenzformen. Die andere Ebene reicht tiefer: Wie präge ich mich selbst in meiner Persönlichkeit, dass sie erfolgreich wird, dass sie anerkannt wird und die besten Plätze und Ränge zu erreichen vermag? In dieser Variante ist der Druck noch stärker. Beim Belügen an der Oberfläche in Richtung möglicher Zuschauer kann ich noch Theater spielen. Doch wenn Selbstoptimierung meint, ich müsse meine Persönlichkeit verformen, dass ich im Erfolgsbereich ankomme, sodass man auf mich Wert legt, sodass man mich unersetzlich findet, sodass man mir ein möglichst großes Gehalt zahlt, sodass ich einen CEO-Platz besetze, dann muss ich mich so passend modellieren, dass die Fragen sich gar nicht mehr stellen: Wer bin ich selbst, was geht in mir vor sich, wozu bin ich eigentlich da? Nein, ich muss danach reden, was andere hören wollen. Ich bin dann nichts weiter als der Selbstbedienungsladen der mich umgebenden Welt. Ich existiere dann nur noch in Korrespondenz zu dem Wunschtheater, das ich vermeintlich bei der Sucht zur Selbstdarstellung aufführen muss, aber jetzt nicht mehr nur nach außen, sondern mit meiner ganzen Persönlichkeit. Ich schaffe mich gerade dadurch selbst ab, indem ich nur für andere sein will. In dieser Bedeutungsnuance muss ich warnen vor dem Begriff der Selbstoptimierung. *Selbstfindung* ist die bessere Form.

Heribert Körlings: Es geht darum, sich selbst zu finden. Und das ist eine Perspektive, die mit dem Entdecken dessen, was in mir ist, verbunden ist. Es gibt die alte Tradition vom inneren Ziel in jedem Menschen, von seiner Entelechie. Sie fängt bei Aristoteles an und findet sich auch im Motiv vom inneren Bild. Dieses Bild ist das, was Gott, der Schöpfer, in mich hineingelegt hat, was er gemeint hat, als er mich erschuf. Das eigene Wesensbild kann man entdecken. Man kann sich selbst finden, man kann in Übereinstimmung mit sich selbst kommen.

Eugen Drewermann: Unbeantwortet gelassen haben wir bisher noch den Grund, der uns dazu bringt, so weit von uns abzuweichen, dass wir uns nur im Beifall anderer überhaupt noch als existierend vorkommen. Ein solcher Prozess setzt hier das Gefühl einer tiefen Ablehnung voraus: „So, wie du wirklich bist, will dich keiner haben. Wir, deine Eltern, nicht; wir, deine Freunde, nicht; wir, deine Lehrer, nicht. Wer bist du? Jetzt hör mal zu: Sei gehorsam und lass dir beibringen, wie du sein musst, damit du unsere Akzeptanz findest.“ Wenn dieser Negativismus sehr tief sitzt, ergeben sich daraus tiefe Minderwertigkeitsgefühle und Schuldgefühle. Im Grunde bilden sie verinnerlichte Formen der Selbstablehnung, des Selbsthasses sogar. Und dagegen wird man für gewöhnlich ankämpfen, indem man mit Nachdruck, in Überkompensation, ersatzweise nachzubilden und zu ergänzen sucht, was man alles nicht war, um ein bisschen Anerkennung, Bestätigung, Berechtigung im Leben zu finden. Viele Tragödien aus Kindertagen kann man da nennen, die sich bei erwachsenen Menschen im Nachlauf vieler Jahre und Jahrzehnte ihrer Kindheit und Jugend auswirken.

Man muss lernen, auf dem Weg der Selbstfindung, um sich näherzukommen, diese vermeintlichen Autoritäten der Kindheit, die prägend sein wollten und es nie in dieser Weise hätten werden dürfen, infrage zu stellen. Der Vater zum Beispiel mochte sich aufspielen als das Maß aller Dinge, als der Gott auf Erden, als der wirkliche Patriarch, der Ordnung stiftet und verkörpert. Dann liest man im Neuen Testament: „Auch sollt ihr niemanden auf Erden euren Vater nennen; denn nur einer ist euer Vater, der im Himmel. (Mt 23,9)“ Wenn das gilt, ist das ganze Programm Jesu im Neuen Testament darauf gerichtet, uns Gott nahezubringen als eine Güte, die nicht zensiert, eine Nähe, die nicht verformt, eine Begleitung, die nicht manipuliert und dirigiert, eine Zuwendung, die nicht erstickend ist, sondern uns bei der Hand nimmt und weiterführt. Diese Entdeckung einer Väterlichkeit im Hintergrund unseres Daseins wäre die Befreiung von allen falschen Autoritäten – auch von dem Anspruch, uns im Sinne der gesellschaftlichen Erwartungen und Standards optimieren zu müssen.

Wir müssten eigentlich nur so werden, wie Gott uns gemeint hat – das ist die Aufgabe. Und dann müssten wir nach innen hören. Gott hat uns nicht falsch geschaffen. Aber wie hat er gewollt, dass wir sind, welchen Auftrag haben wir? Das ist in der Bibel ganz oft entscheidend. Wie gewinnt man die Berufung für sein Leben? Wie erfährt man die Sinnmitte, für die es sich lohnt, alles einzusetzen, was man ist? Wie kann man die innere Wesensausrichtung in der eigenen Persönlichkeit entdecken?

Im Sommer sieht man zum Beispiel, dass Blumen sich in der Helligkeit und Wärme der Sonne entwickeln. Eine Blume ist, was sie ist, und das ist sie ganz. Bei uns Menschen liegen die Dinge komplizierter. Wir müssen darüber nachdenken, wie wir sein könnten, und da gibt es viele Gründe der Verwirrung; doch im Prinzip ist es auch bei uns Menschen nicht anders. Wir folgen intensiv und instinktiv den Orten, wo wir uns angenommen fühlen, und zwar jetzt nicht mehr in dem Hin und Her von Angst und Anpassung, sondern grundlegend. Diese Person, die mir gegenübersteht, meint mich wirklich; sie ist der Erste, mit dem ich reden kann, zu dem ich Vertrauen haben darf, dem ich alles, was ich bin, sagen kann. Zu dieser Person geht man hin, bei ihr findet man ein Zuhause, in ihrer Nähe kommt man bei sich selber an.

Heribert Körlings: Das sind konkrete Personen, die dann die Sonne sein können. Es gibt Gespräche, die für meine weitere Entwicklung zentral sind. Das Gespräch ist das Medium der Beziehung, in dem ich schrittweise mich selbst entdecken kann, wie Gott mich gemeint hat.

Eugen Drewermann: So ist das, und ein Teil dieser Entdeckung besteht, wie Sie es gerade ausdrücken, eben darin, dass wir anderen die Sonne, ich würde jetzt nicht unbedingt sagen „sein können", aber sie ihnen nicht mehr länger verstellen. Wir werfen keinen Schatten mehr auf den anderen, wir machen uns ein Stück weit durchsichtig, wir werden vorsichtig in unseren Bewertungen, wir bemühen uns, den anderen zu verstehen und von innen her zu erschließen. Wir holen ihm ein Stück vom Himmel auf die Erde.

Heribert Körlings: Wir eröffnen Räume.

Eugen Drewermann: Genau! Räume des Selbst-sein-Dürfens, der wachsenden Identität und Individualität, der Selbstbestimmung und des Muts zur Freiheit.

Heribert Körlings: Darin haben Bewertungen meines Gesprächspartners keinen Platz.

Eugen Drewermann: Das ist einer der schönsten, für mich besonders wichtig gewordenen Aussprüche Jesu am Ende der Bergpredigt. Sein Schlussstein im gotischen Gewölbe dieser Kathedrale seiner ganzen Botschaft lautet: „Richtet ihr nicht! (Mt 7,1)" Soll heißen, frei übersetzt: Verurteilt niemanden, drängt ihm nicht eure eigenen, meist egoistischen, meist projektiven, meist von ihm selbst abweichenden Wertungen auf. Formt den anderen nicht nach euren eigenen Vorstellungen. Schaut mal, wen ihr vor euch habt. Wenn es euch nicht passt, was ihr da seht, verurteilt es nicht, richtet es nicht, sondern schaut mal, wie es geworden ist. Der andere hat eine eigene Geschichte. Bekämpft ihn nicht mit der Symptomatik, die euch nicht gefällt, sondern versucht zu verstehen, was dahinter liegt.

Das knappe Jesuswort am Ende der Bergpredigt ist in Wahrheit ein Lebensauftrag. Ich habe eben deshalb begonnen, mich für Psychotherapie zu interessieren und damit meinen gespürten Auftrag mit zwanzig Jahren, beim Abitur, nach dem Sie am Anfang fragten, zu erweitern. Ich dachte, die Menschen brauchen, mehr noch als Ärzte für ihren Körper, Begleiter für ihre Seele. Und dann habe ich gesehen, dass dieses Anliegen in der Kirche weitgehend brachliegt, weil man die Seele der Menschen kaum sieht. Was dabei herauskommt, ist keine Seelsorge im eigentlichen Sinne, sondern eine normative Maschinerie zum Weitergeben fertiger Programme. Umgekehrt sollte es sein: Seelsorge würde dann heißen, man begreift die Menschen von ihrem Innersten her, entlang der Geschichte, in der sie zu der Person wurden, die sie heute sind, in all den Zumutungen ihrer Kindertage, in ihren nie verarbeiteten Traumata, in ihrem Elend, in ihrer Not. Und das kann uns dann allemal erklären, welche Verformungen sie heute mitbringen und wie sehr sie darauf warten, dass man persönlich auf sie antwortet, in Verständnis und Zuwendung. Eine ausgestreckte Hand ist immer wichtiger als die geballte Faust.

Das Gleichnis Jesu von den Talenten

HERIBERT KÖRLINGS: Aber umgekehrt ermöglicht man dann auch ohne Programm, indem man zuhört, indem man da ist, im Gespräch, anderen Menschen, ihre ganz persönlichen, in ihnen angelegten Möglichkeiten zu entdecken. Das finde ich auch in der Beziehung zu Schülern sehr wichtig. Allerdings geht das nur in kleinen Schritten. Das ist für mich auch ein Thema, etwa im Gleichnis Jesu von den Talenten.

EUGEN DREWERMANN: Dieses Gleichnis ist wunderschön, vor allem, weil es sich nach Ihrer Darstellung auch – und zwar besonders in dem genannten Zusammenhang – auf Gespräche mit den Jugendlichen beziehen kann. In jungen Jahren erwartet man von sich in aller Regel, dass wir wissen, was wir jetzt machen müssen. Das Gefühl herrscht vor, mit uns beginne die Welt noch mal. Was zuvor war, könnten wir vergessen, da war nach unserer jugendlichen Abschätzung vieles falsch, und diesen Eindruck haben die Lehrer uns sogar zum Teil selber vermittelt. Jetzt, durch bessere Erkenntnis, mit neuem Mut, mit frischem Geist, räumen wir die Welt endlich auf wie einen verwilderten und nie richtig gepflügten Acker. Es braucht für gewöhnlich eine ganze Weile, um zu sehen, dass bereits die Frage ein Stück Verführung in sich enthält: Was müssen wir machen? Sie deuteten das gerade an: Da zu sein, ist oft viel wichtiger, als dies und das zu machen. Diese Einsicht ist im Umgang mit Menschen absolut zentral. Sich zu fragen, was man tun soll, ist in aller Regel in sich bereits eine falsche Option.

– Nehmen wir ein Beispiel: Ein Mann erlebt, dass seine Frau mal wieder Schwierigkeiten hat, aber er als Mann hat gelernt, dass man in dieser Lage etwas machen muss. Auch die Frau selber, hilflos, wie sie ist, ruft durch zwei geschlossene Türen: „Jetzt tu was!“ Also fühlt er sich natürlich erst recht aufgefordert, etwas zu tun. Freilich kann er nicht selbst anstelle seiner Frau agieren; also erklärt er ihr, was sie selber tun muss: „Jetzt in dieser Lage würde ich doch … hätte ich längst getan …“ Wo aber, wenn es so gehen soll, sind dann noch Schwierigkeiten? Sie ergeben sich allein schon daraus, dass seine Frau nicht ist wie er selber. Was er täte oder tun würde, kann nicht das sein, was seine Frau tun kann und muss. Es geht nicht an, einfach von sich auf andere zu schließen. Das Problem löst sich nur andersherum. Schon dass die Frau fragt, was sie tun soll, zeigt ihre Unsicherheit, sodass sie bei allem Nachdenken über sich selbst jemandem, der nur mäßig zuhört, ein paar Minuten am Tag vielleicht, spontan zutraut, er könne etwas für sie Entscheidendes besser wissen als sie selbst. Ihre Angst vor der eigenen Entscheidungsfähigkeit, ihre erlernte Unselbstständigkeit, ihre Unsicherheit in den eigenen Umgangsweisen mit sich selbst, tritt jetzt als das wirkliche Problem in Erscheinung, und darauf müssen wir als Erstes eingehen. Das aber können wir nicht, indem wir dies und das stellvertretend für andere machen, sondern nur indem wir für den anderen da sind, ihn begleiten, ihm zuhören. Wir sollten den anderen nicht mit der vermeintlichen Stärke und Klarheit unserer eigenen Person erdrücken, verstellen und ausschalten, sondern durch Zurückhaltung und Verstehen einschalten.

Heribert Körlings: So kann die Frau zuerst einmal sagen, wie sie sich momentan fühlt, oder sogar, wie sie sich selbst sieht. Nicht, was muss ich machen, sondern wer bin ich und wer kann und darf ich vielleicht auch noch sein?

Eugen Drewermann: Richtig: Das Sein ist wichtiger als das Tun. Eben das steht im Neuen Testament in der gerade angesprochenen Geschichte von den Talenten (Mt 25,14–30), doch es ist nicht ganz einfach, es so zu denken. Denn es schildert zwei einander entgegengesetzte Lebensauffassungen und -formen. Auf der einen Seite stehen Menschen, die aktiv etwas aus dem machen, was ihnen anvertraut und übergeben wurde; denen aber steht im Zentrum des Gleichnisses jemand gegenüber mit einer ausgesprochen resignativen Lebensverweigerung aus tiefen Minderwertigkeitsgefühlen. Die anderen haben fünfmal so viel wie ich. Viel bessere Startbedingungen. Ich vergrab, was ich bin, es hat gar keinen Zweck anzufangen. Und mein Herr ist ein grausamer Despot, der erntet, wo er nicht gesät hat. Mit einem solchen despotischen Menschenbild kann keiner leben, will Jesus sagen.

Heribert Körlings: Und so habe ich Jesus mit seinem Gleichnis auch gar nicht verstanden. Im Gegenteil: Du hast die Möglichkeiten und das sind die Talente. Jetzt schau, wer du momentan bist und was du damit dann weiter tun kannst. Das Gleichnis bezieht sich auf seine Reich-Gottes-Predigt, aber es ist für mich gleichzeitig existenziell und der Begriff des Talents ist für junge Menschen ein wichtiges Bild.

Eugen Drewermann: Absolut, absolut. Und ich glaube, diese Geschichte (Mt 25,14–30) ist die Widerlegung der Tragödie, die die ganze Menschheitsgeschichte erzählt, die Tragödie von Kain und Abel (Gen 4,3–8). Denn was Sie andeuten, bezeichnet hier im Grunde eine Perspektivenveränderung um 90 Grad. Die Minderwertigkeitsgefühle, die wir uns anlasten oder mittragen durchs Leben, ergeben sich immer in der Perspektive der Horizontalen. Wer ist mein Bruder, meine Schwester, die Menschen neben mir, meine Mitschülerin? Immer in der Horizontalen sehen wir andere Menschen, vergleichen sie mit uns. Und dann ist es unvermeidlich: Sie stehen entweder höher da, sind besser als wir und wir beneiden sie, fühlen uns zu klein. Oder sie stehen unter uns und machen uns hochmütig in der Einbildung, dass wir etwas Besseres sind. Wozu Jesus auffordert, ist natürlich ein Gleichnis im Gegenüber Gottes: „Schaut mal in die Vertikale. Es ist nicht wichtig, ob du Kain bist oder Abel. Wichtig ist, dass du du selbst bist. Hätte ich dich, Kain, als Abel gewollt, hätte ich dich gleich klonen können. Habe ich aber nicht. Ich habe dich geschaffen."

Heribert Körlings: Ich kann Ja zu mir selbst sagen, weil Gott, mein Schöpfer, zuvor schöpferisch Ja zu mir gesagt hat.

Eugen Drewermann: So ist es! Aber das müsste man zutiefst als Grundlage des Daseins glauben können, gegen alles Dreinreden. Das beginnt mit der Einsamkeit, die die meisten spätestens mit fünfzehn oder sechzehn Jahren fühlen, in dem, was man, abfällig beinahe, die Pubertät nennt, was man mit dem Schriftsteller Alexander Puschkin aber weit schöner bezeichnen könnte als die „Zeit der träumenden Monde". Man sitzt am Fenster, man hat eine enorme Sehnsucht nach Liebe, nach Kontakt, danach, verstanden zu werden. Man ringt um Worte, die das vielleicht sagen könnten. Man fängt an, Tagebuch zu schreiben oder Gedichte zu verfassen, die Worte kostbar werden zu lassen. Man hat in den eigenen Träumen Vorstellungen, was aus einem noch werden möchte oder könnte. Begleitet wird das alles von einer Unsicherheit, die nach Halt sucht. Das sind die Augenblicke, wo man mit der Bibel sagen würde: Es ist der Weg des Tobias auf der Suche nach einer Liebe, die ihn die Schätze wiederfinden lässt, die sein Vater, der blind geworden ist, zurückgeliefert bekommen muss, um geheilt zu werden. Auf dem Weg begleitet ihn sein Engel, der heißt: „Gott ist der Heilende, Raphael" (Tob 12,15). Dieser Engel, dieser heilende Begleiter im Vertrauen auf Gott, gibt uns den Mut, durch einen reißenden Fluss zu gehen und sogar einem Dämon mörderischer Ängste standzuhalten, um Liebe zu lernen und nach Hause zu finden. Es ist eine lange Geschichte, überliefert im Buch Tobit, am Rande der Bibel, aber eine ihrer schönsten.

Heribert Körlings: So erlebt man dieses Ja, das man auf dem Lebensweg braucht. Für mich ist nicht nur in dieser Hinsicht Dietrich Bonhoeffer wichtig. Er hat ein beeindruckendes Gedicht mit der Überschrift „Wer bin ich?" geschrieben. Am Ende heißt es: „Wer ich auch bin, du kennst mich. Dein bin ich, o Gott." So kann man in der Beziehung zu Gott sich selbst näherkommen, sich selbst entdecken, sich annehmen. Im Vertrauen auf dieses absolute, personale Gegenüber kann man dann auch sagen: „Egal, für wen andere mich halten, egal, für wen ich mich in ihren Augen halten muss, Gott weiß, wer ich bin. Darauf kann ich vertrauen, mich Gott überlassen."

Eugen Drewermann: Genau. Davon spricht treffend auch der Beter in Psalm 139: „Noch ist ein Wort nicht auf meinen Lippen, da kennst du, Gott, es ganz. Du weißt, wie ich geformt wurde im Schoß meiner Mutter. (Ps 139,4.13)" Alles, was ich bin, im Bilde gesprochen, entstammt deinem gütigen Blick, der sich ein Wesen gewünscht hat, dem er in mir Gestalt verliehen hat.

Die Bibel erzählt in der Paradiesgeschichte, in Gen 2,7, auch: Äußerlich betrachtet, ohne Gott, wären wir nichts weiter als Staub, den der Wind verweht. Das ist eine sehr wichtige Erkenntnis. Alles, was in den naturwissenschaftlichen Fächern in der Schule gelernt wird, ist ungefähr entsprechend dieser Formel: Wir sind nichts weiter als Kohlenwasserstoffketten, Moleküle mit einer Sollbruchstelle in begrenzter Zeit. Nicht gemeint, nicht gemocht, vergänglich und vorübergehend. Begabt mit einem Körper, der in der Biologie bestenfalls dient zur Weitergabe der Gene und nur im Übergang überhaupt eine Existenzbedeutung hat, und im großen Kosmos wird er weder vermisst noch begrüßt. Ob er kommt oder vergeht, ist der Natur gleichgültig. Demgegenüber ist der andere Gedanke, auf den Sie eigentlich jetzt Wert legen, so bedeutsam: Wir tragen Gottes Odem in uns. In uns ist eine Stimme, die leise in uns redet, die uns trägt, bis in unsere Träume hinein, die unsere Wünsche und Gefühle leitet und begleitet, weil sie möchte, dass wir sind. Und dieses Vertrauen, dass es im Hintergrund eine Stimme gibt, die sagt: „Ich habe dich ins Dasein gerufen", das brauchen wir, um wirklich zu werden und das zu sein, was mit uns gemeint ist.

Heribert Körlings: „Ich will, dass du bist“, schreibt Augustinus in seinem Kommentar zum Johannesevangelium über die Beziehung Gottes zum einzelnen Menschen. Ich kann diese Stimme Gottes aber auch von Menschen hören, die mir wichtig sind oder werden und die mir dieses Wort von Gott her weitersagen.

Eugen Drewermann: Absolut, das ist sehr gut! Das ist das Wunderschöne an dem, was wir neurologisch die präfrontale-kortikale Struktur der Neuronen nennen. Ein Kind ist imstande, die Sprache seiner Eltern zu lernen. Das bereitet sich vor, indem die Worte, die in den Lautbildungen, auch in der Verkürzung der Sprechmöglichkeiten, so reduziert werden, dass es der Sprache schon entspricht, die es vor der Geburt mitbekommt. Bei uns ungefähr 28 Laute, die wir einsetzen. Wir könnten über 60 verschiedene Laute bilden, aber wir brauchen im Deutschen weniger als 30. Das lernt ein Kind, bevor es zur Welt kommt, aber danach noch viel mehr. Wir Erwachsenen reden, bei allem Bemühen grammatikalisch korrekt zu bleiben, nicht immer so, dass es fehlerfrei wäre. Eltern geben sich meist die Mühe gar nicht, sondern sie reden, wie ihnen der Schnabel gewachsen ist. Ein Kind hört nie die deutsche Sprache, wie sie sein müsste, sondern so, wie sie geredet wird. Aber es reicht aus, die grammatikalischen Strukturen aus dem Durcheinander, das es vernimmt, zu extrahieren und die Regelhaftigkeit der Sprache zu lernen. Wenn Sie z.B. ein Kind in New York City treffen, sagen wir ein zehnjähriges, das schon seit etlichen Jahren in der Bronx lebt. Es hängt in Deutsch die paar Worte, die es noch behalten hat, grammatikalisch richtig so aneinander, dass Sie sicher sein können, es muss bei deutschen Eltern groß geworden sein. Es hat die Grammatik so gelernt, besser als es in jeder Schule später Deutsch nachlernen könnte. Was sich da begibt, ist etwas Wunderbares und genauso will ich sagen, ist bei dem, was wir Liebe nennen, ähnlich zu lernen.

Kinder haben Eltern, die nicht immer nur gütig, freundlich, liebevoll, verständig, geduldig und einfühlend sind. Sie haben manchmal auch Ärger, sind überlastet, haben Nerven, die ihnen durchgehen. Ein Kind lernt dennoch, was die Eltern meinen, sogar wenn sie wütend sind, was sie wollen, selbst wenn sie jähzornig werden, was ihre Absicht ist, auch dann, wenn sie sehr ungemütlich werden. Kinder ahnen trotz allem, wer ihre Eltern wirklich sind, und sie lernen dabei sogar zu verstehen, was sie, entgegen dem jetzt Gesagten, wirklich meinen. Das ist eine Kunst, die Kindern mitgegeben wird vom ersten Tag an.

Und das ist nun das wirkliche Wunder, dass Kinder in der Begegnung mit durchaus begrenzten Eltern die Unendlichkeit und Unbegrenztheit einer Güte kennenlernen, die im Hintergrund eine unbegrenzte Geltung besitzt, die im Himmel ist, unseren wirklichen Vater, unsere wirkliche Mutter, eine personale Wirklichkeit, die wir vertrauensvoll Gott nennen.

Das Problem der Selbstablehnung

HERIBERT KÖRLINGS: Es gibt natürlich aber auch das Umgekehrte, Menschen, die sich selbst gar nicht ansehen können. Sie sagen, das, was ich da im Spiegel sehe, das ist unerträglich. So äußert sich ihre Selbstablehnung.

Welche Erfahrungen haben Sie in Gesprächen, vielleicht sogar auch Sie persönlich, mit dem Problem der Selbstablehnung gemacht?

EUGEN DREWERMANN: Es hat diese beiden Seiten. Wenn das so erlebt wird, wie Sie es schildern, ist eine solche Selbstablehnung das Ergebnis einer Maschinerie, die verinnerlicht wurde. Da hat die Mutter oder der Vater dem Kind konstant den Eindruck vermittelt: So, wie du bist, kannst du nicht auf die Straße gehen. Du bist nicht meine Tochter, wenn du dich nicht richtig anziehst. Jetzt benimm dich endlich! Was du für eine Fratze ziehst! – All diese Äußerungen wirken negativ, und sie sind allesamt bezogen auf ein Äußeres, für das die meisten Menschen gar nichts können. Sie können nicht dauernd grimassieren oder mit Masken rumlaufen, damit sie in den Augen anderer gefälliger werden. Wie groß oder klein sie gewachsen sind, wie ihre Gestalt sich entwickelt, ob sie früh schon eine Brille benötigen – all das entscheiden sie nicht selber. Heute aber wächst eine Jugend heran, die darunter zutiefst leidet, dass sie wie mit der Kamera von außen sich beobachtet fühlt und ihr immer wieder Regeln vorgegeben werden, wie man sein muss, um als Model oder bei „Deutschland sucht den Superstar" auf der Bühne auftreten zu können. Man muss nach diesen Maßstäben unzufrieden sein mit sich selbst, man muss sich ummodellieren, man muss allen möglichen Industriezweigen bei der Selbstoptimierung helfen und beim Selbstbetrug dienstbar werden.

Tatsächlich indessen geht es darum, wie man ein Gefühl und auch ein Bewusstsein für das bekommt, was man wirklich ist, und mit Ehrlichkeit im Ja zu sich selbst mit der eigenen Existenz sogar so etwas verbindet wie Dankbarkeit.

Manchmal entdeckt sich dieses Problem auf zwei Ebenen. Zum Beispiel sagte eine Frau mir vor einiger Zeit: „Wenn ich vor den Spiegel trete, darf ich noch wissen, dass ich ganz annehmbar aussehe. Sobald ich aber nach draußen gehe, entsteht die Angst, wie mich die anderen sehen, und dann ziehe ich mich zusammen. Ich wage nicht, mich zu zeigen." Und was sie sagt, stimmt schon: Wie sie sich angezogen hat, ist mehr eine Tarnkleidung als eine Mitteilung. Man darf diese Frau nicht sehen, weil sie so viele Ängste hat, als nicht richtig angesehen zu werden. Was sie dringend braucht, um diese Angst zu verlieren, ist eine langsame Begleitung zu einer Selbsterkenntnis wie bei den Blumen draußen: Es gibt keine schönen und nichtschönen Blumen, es gibt nur richtige Blumen und jede von ihnen in ihrer Art ist schön, das Vergissmeinnicht genauso wie die Lilien. Der ganze Unterschied zwischen Gut und Böse, Groß und Klein, Reich und Arm, Stark und Schwach ist rein fiktiv. Das alles sind Maßstäbe, nach denen das Leben überhaupt nicht bemessen werden kann.

HERIBERT KÖRLINGS: Das sind Urteile.

EUGEN DREWERMANN: Genau das. Und meistens noch Vorurteile und Verurteilungen, denen jedes Verständnis abgeht. Umso mehr müssten wir jetzt einer Asylstätte unseres Daseins begegnen, in der wir uns gemocht und gemeint fühlen könnten als wir selbst, in der wir eben nicht bewertet werden, sondern in Bejahung und Wohlwollen dahin geleitet werden, wir selbst zu sein: „Es darf dich geben. Es soll dich geben, denn ich habe dich lieb. Ich möchte, dass du bist, und ich möchte, dass du wirst, was du bist. Denn eigentlich möchtest du doch selber leben. Du möchtest nicht dauernd sagen müssen: ‚Wie ich bin, will ich nicht sein.' Du möchtest der sein, der du bist."

Das ist das Ursprüngliche in uns, die Entelechie, die Wesensausrichtung unseres Daseins, von der Sie eingangs sprachen. Das Problem besteht in aller Regel darin, dass bei den mechanisierten Urteilen die Selbstablehnungsmuster zurückgehen in die Zeit, in der die Maschinerie der Negationen angekurbelt und programmiert wurde, sodass die die Selbstablehnungsformen unbewusst immer weiterlaufen. Konkret erlebt man es durch bestimmte Auslöser, so, als wenn man auf einen Knopf drückte und die Mechanik sich von selbst einstellte. Man kann leider nicht sofort dahin gelangen, dass diese Trigger nicht mehr existieren. Die Maschinerie der Selbstablehnung wird bei jeder beliebigen Gelegenheit wieder in Gang kommen. Umso wichtiger ist es, herauszufinden, an welchen Stellen diese Einschaltmomente stattfinden: Bei welchen Szenen, bei welchen Worten, bei welchen Begegnungsweisen tritt wieder das Gefühl ein: Typisch, ich kann so nicht mit anderen auskommen, ich bin unmöglich, ich hasse mich. Wann taucht dieses Gefühl auf? Erst wenn man das weiß, kann man es verbinden mit dem, wie es früher war. Wie hast du es damals erlebt, auf dem Spielplatz schon: „Da saß ich da", erzählte eine Frau, „und ich wagte nicht einmal auf die Toilette zu gehen, weil ich dachte, dann laufen die anderen weg. Ich wollte dabeibleiben, aber dann habe ich gemacht, was ich hätte auf der Toilette machen müssen, und Sie können sich vorstellen, wie ich dann ausgelacht wurde, wie die Bezeichnungen für mich lauteten. Es war alles peinlich. Ich habe mich so geschämt. Es war unmöglich! Ich war ich, und es war alles falsch an mir. Und dann kam ich nach Hause, und meine Mutter hat mich noch mehr ausgelacht dafür: ‚So doof wie du kann man auch nicht sein.'" Wenn die Erfahrungen im Umgang mit sich selbst bereits in Kindertagen sich derart gestalteten, ist es mitunter jahrelang nötig, all diese Szenen des Beschämenden nochmal aufzuarbeiten, ihnen nachzugehen und zu wissen: So hat man Ihnen damals bereits Unrecht getan und natürlich dabei nicht gesehen, wer Sie wirklich waren: Ihre Sehnsucht nach Gemeinsamkeit, Ihr Gefühl der Einsamkeit, Ihre Empfindungen der Verlorenheit – all das hat man gar nicht wahrnehmen können oder wollen. Sie standen vollkommen leer auf dem Platz, und Sie suchten nach Freunden und Freundinnen. Wer hat das jemals in Ihrem Leben begriffen? Jetzt sind wir dabei zu lernen, dass Sie sich die ganze Zeit richtig in den Augen der anderen wahrgenommen haben, wenn Sie sich abgelehnt, gequält, weggestoßen gefühlt haben; das war Ihr richtiges Gefühl, das man Ihnen vermittelt hat, und damit verbunden war: Man tut mir unrecht. Eigentlich haben Sie über das Leid, von dem Sie erzählen, immer gewusst: Man tut mir unrecht. Und dieses Gefühl verstärken wir heute und sagen: Wir verlangen, dass man mit uns richtig umgeht.

Zuerst gilt das jetzt für Sie selbst. Sie dürfen sich das sagen. Das kostet gewiss eine Menge Geduld. Wir müssen ja all die Einschaltszenen nach und nach wieder rückgängig machen, die die alte Maschinerie immer noch ankurbeln. Das Erste, was wir dabei merken werden, ist die Erfahrung, dass die Maschine nicht mehr so lange läuft, wenn wir darauf achten, worauf wir reagieren. Sie läuft nicht mehr drei Tage lang, sondern vielleicht nur noch drei Stunden lang, und Sie glauben ihr nicht mehr. – Das ist so ähnlich, wie wenn manche Leute noch eine alte Schallplattenaufnahme von GOEBBELS im Archiv haben mit seiner Rede zum totalen Krieg. Das kann man hören, und man weiß, das ist Vergangenheit, das kann man nicht mehr ernst nehmen. Es ist ein schädliches Programm mit furchtbaren Folgen gewesen. Ganz entsprechend können Sie heute Ihrer eigenen Vergangenheit zuhören, wie wenn solche alten Schallplatten wieder eingelegt würden. Sie sehen, das alles gilt nicht mehr. Es war schon immer falsch. Sie wissen nicht immer, wer die Schallplatte abspielt und wer auf ihr spricht. Das alles ist ein Automatismus – noch! Den aber machen wir uns jetzt gerade bewusst, um ihn abzustellen.

Die Möglichkeit der Selbstannahme

HERIBERT KÖRLINGS: In Ihrem Kommentar zur Bergpredigt haben Sie dargestellt, dass der Einzelne vor Gott seine Armut, seine Unvollkommenheit, seine Schwächen annehmen kann.

EUGEN DREWERMANN: Das ist ein wunderbarer Satz am Anfang der Seligpreisungen. Wohlgemerkt, Jesus hat diese Worte gesprochen, wenn man Matthäus glauben kann, zu Leuten, die von weither kamen, weil sie krank waren. Da waren Besessene, Mondsüchtige, Gelähmte, die man ihm zutrug (Mt 4,24). Die brauchten Jesus in ihrem Leid, in ihren Krankheiten, in ihren abgelehnten Existenzformen, in ihrem Empfinden, anderen lästig zu sein, die so gesund und stark und flott daher marschieren. Es ist für jede Psychotherapie, für jedes menschlich gütige und günstige Gespräch wesentlich zu lernen, was Jesus gleich am Anfang auf dem Berge der Verkündigung, die unser ganzes Leben ändern soll, den Menschen sagt: „Glücklich nenne ich euch, wenn ihr eure Armut – und ich füge hinzu – eure Armseligkeit, *er*kennt und *an*erkennt, vor Gott und im Gegenüber Gottes. (Mt 5,3)"

Es war der Schüler SIGMUND FREUDS, ALFRED ADLER, der um 1915 sagte, jede seelische Erkrankung sei eine Lüge. Er wollte damit nicht sagen, dass man den anderen absichtlich etwas vormache. Er wollte sagen, die Minderwertigkeitsgefühle, die ein Mensch hat, wegen seiner körperlichen Gestalt, wegen seiner Unvollkommenheit, wegen seiner Gebrechlichkeit, wegen seiner Fehlerhaftigkeit, können ihn immer wieder dahin treiben, dass er eine Fassade nach außen aufbaut und dadurch sich selbst und die anderen belügt. Er muss ein anderer sein, als er ist, obwohl er das gar nicht kann, und er muss ein anderes, als er ist, den anderen vorspielen und führt sie damit hinters Licht. Er wird am Ende womöglich noch belohnt durch die Zustimmung der anderen für eine Lüge, die er beibehalten muss, um sich die Belobigung der anderen zu erhalten. Er weicht, je mehr Erfolg er hat, dabei umso mehr von sich selbst ab. Es ist mithin höchst gefährlich, wenn man so lebt. Eben deshalb geht die Empfehlung Jesu ebenso wie die Erfahrung jeder Psychotherapie, jeder gütigen seelischen Begegnung dahin, glauben zu dürfen: Man darf sein, wie man ist, man darf anerkennen, wie unvollkommen man ist, man darf leben auch mit den Fehlern, die man macht.

Heribert Körlings: Das ist eine Erleichterung für einen selbst und dann auch für den anderen. Das haben Sie in Ihrem Kommentar verknüpft: Wer sich selbst, seine eigene Unvollkommenheit, seine Armut, seine Schwächen annehmen kann, braucht den anderen nicht zu bewerten. Er wird ihn nicht verurteilen, sondern Verständnis für ihn haben, biblisch „Erbarmen" (Mt 5,7), Mitempfinden.

Eugen Drewermann: Genau! Das setzt freilich voraus, dass man jemandem begegnet, der dieses Empfinden vermittelt: Hier darf ich die Wahrheit sagen. Anderswo mag ich mich schämen, aber hier muss ich mich nicht schämen. Hier werde ich dahin begleitet, mich selbst sogar in dem zu verstehen, wofür ich mich nachträglich eigentlich nur verwünschen könnte. Es brennt mir auf der Seele: Ich hätte diese Person doch niemals so behandeln dürfen! Ich begreife jetzt, vielleicht zwanzig Jahre später, überhaupt erst, was ich da angerichtet habe. Ich möchte nie so gewesen sein. Das sind Erfahrungen, die jeder mit sich herumträgt, die er aber nicht loswird. Es wächst ein Vertrauen, auch zu Fehlern und Fehlverhaltensweisen stehen zu dürfen; damit erweitert sich auch der Horizont der Selbsterkenntnis und nach und nach auch der Selbstannahme. Je mehr das geschieht, desto mehr erweitert sich gleichermaßen das Verständnis für die anderen. Niemanden von denen muss man höher oder niedriger stellen als sich selbst. Das sind genauso Menschen wie Sie und ich, mit denen kann man, darf man also menschlich umgehen.

Heribert Körlings: Und die fangen dann an, von sich selbst zu erzählen.

Eugen Drewermann: So ist das. Sie können, wenn unser Büchlein gedruckt wird und wir einen Leser haben, der auf diese Stelle stößt, ihm diese Erfahrung gleich mit weitergeben: An jeder Bushaltestelle und in jedem Zug kommen Sie ins Gespräch mit Menschen, die Ihnen ungefragt als völlig Unbekanntem, ihr ganzes Leben zu erzählen beginnen, einfach weil Sie zuhören, und vor allem, weil Sie auf die Gefühle im Hintergrund achthaben. Sie hören nicht mehr nur, was die anderen sagen, sondern fragen sich: Warum sagt der andere mir das, einem völlig Unbekannten, mit diesem Nachdruck, in dieser Weise mit welchen Empfindungen? Was will er mir von seinem Leben mitteilen, welche Gefühle gehen in ihm vor sich, wenn er diese Begebenheiten erzählt? Worauf spielt er an? Wie hat er es erlebt, wenn es damals so war?

Wenn Sie in dieser Weise zuhören, öffnen Sie dem anderen die Seele, und Sie werden erstaunt sein, was Ihnen in fünf bis zehn Minuten anvertraut wird. Nicht aufgedrängt, sondern wirklich anvertraut wird. Und der andere wird dankbar sein und sich bedanken für das, was ihm durch Sie ermöglicht wurde. Er wird sagen: „Das habe ich noch nie erlebt. Ich kenne Sie doch gar nicht." Aber das ist das Ergebnis, wenn man davon ausgeht, dass es stimmt: „Im Anfang war das Wort. (Joh 1,1)"

Heribert Körlings: Das kann sich überall ereignen, das ereignet sich auch in der Therapie. Aber mir ist wichtig zu sagen, dass es sich ebenso im Gespräch zwischen Paaren und Freundinnen und Freunden, Lehrkräften und Schülerinnen und Schülern und auch zwischen fremden, einander ganz unbekannten Menschen ereignen kann. Das nennt Martin Buber die Ich-Du-Beziehung, die dann von ihm mit dem ewigen Du, mit Gott, in Verbindung gebracht wird.

Eugen Drewermann: Ganz genau. Wenn ich hier im Gespräch manchmal die Psychotherapie oder die Seelsorge als Modell gebrauche, liegt das daran, dass ich viele Jahre so gearbeitet und dabei entsprechende Erfahrungen gesammelt habe. Doch lassen diese sich verallgemeinern. Eigentlich wollte das, was wir heute Psychotherapie nennen, nach Sigmund Freuds eigenen Worten, die Psychoanalyse, nichts weniger sein als eine Kulturrevolution. Man sollte endlich aufhören zu verurteilen und anfangen, die Hintergründe vor allem des Unbewussten in den Fehlern im Alltag so zu begreifen, dass man sie verstehen kann. Entstanden ist dadurch ein vollkommen neues Modell der Humanität im Umgang miteinander, im simplen Alltag. Und wovon wir sprechen, sind im Grunde Erfahrungen, die ein jeder in Beziehung zu einem anderen macht. Man existiert wesentlich und im Einklang mit sich selbst nur, wenn man sich akzeptiert, bejaht, berechtigt und gemocht fühlt.

Heribert Körlings: Und Gott ist in dieser Beziehung der Raum, der das ermöglicht. Das ist eine andere Perspektive auf den Glauben.

Die vielen Forderungen des Glaubens

Heribert Körlings: *Hat der Glaube nicht auch mit Regeln und allen möglichen Sollenssätzen, also mit „Du sollst" und „Du musst" zu tun?*

Eugen Drewermann: Wenn „Du sollst" und „Du musst tun" mit Glauben in Verbindung gebracht werden, steht der so Sprechende vor einem wie ein Gesetzbuch und versperrt die Sonne; er wirft nur noch Schatten. Die ganze Kunst besteht im Umgang miteinander darin, dass wir Gott aus dem Licht gehen, indem wir uns zurücknehmen. Wenn wir ein Du sind, das andere so anspricht, werden wir für ihn durchsichtig für das Licht im Hintergrund. Wir setzen uns nicht mehr in Angst und Überforderung absolut. Wir kennen unsere Schwächen, unsere Armut und Armseligkeit, und diese Erkenntnis unserer selbst lässt uns durchscheinend werden. Wir können nur leben im Vertrauen auf Gott im Hintergrund von allem, der auch uns selbst trägt. Ich drücke das einmal so aus: Es ist ähnlich wie mit den Kirchenfenstern beim Betreten einer Kathedrale. Der andere wird uns zu einem Bild, das uns nicht die Sonne zeigt, aber das, wenn die Sonne durchscheint, für uns selber sichtbar wird in seiner eigenen Gestalt. Wir vermitteln die Gewissheit einer Welt, die draußen voller Helligkeit ist, inmitten eines Raums, der dunkel wäre ohne diese Fenster. Solche Fenster können wir sein mit dem, was wir mit unserem Bild, in unserer Gestalt, unserem Sosein dem anderen vermitteln.

Heribert Körlings: Wir können für andere solche Fenster sein und wir können auch im Vertrauen zu Gott immer mehr diejenigen sein, die wir sind. Also ist die Frage nach dem Verhältnis zwischen dem Glauben und der Selbstfindung sehr wichtig. Es öffnet sich ein Raum, den Sie in einer Märcheninterpretation den Raum der Gnade genannt haben, in dem jeder frei ist. Dieser Raum steht offen. Darin kann ich mich selbst finden.

EUGEN DREWERMANN: In dem Märchen „Das Mädchen ohne Hände“ (KHM 31), von dem Sie sprechen, empfängt ein Engel ein Mädchen, dem man als Kind die Hände abgeschlagen hat. Das hat zwei Seiten: Eltern erziehen ihre Kinder voller Sorge, voller Aufmerksamkeit, voll guten Willens. Sie machen es jedenfalls so gut, wie sie können. Das werden alle Eltern versuchen. Aber dann stoßen sie an ihre Grenzen, sie merken vor allem: Je älter die Kinder werden, desto weniger gehören sie ihnen noch, sie gehen eigene Wege, und das macht den Eltern oft Kummer. Sie möchten sie vor Fehlern bewahren, merken aber, dass sie das nicht können. Mit anderen Worten: Die wesentliche Beziehung auch nur zwischen Vater und Mutter zu ihren Kindern stößt an Grenzen, die nur erträglich sind, wenn sie beim Fortgang ihrer Kinder das Vertrauen mitbringen: „Wir übergeben unser Mädchen, unseren Jungen jetzt von unseren Händen in die Hände Gottes. Wir wissen nicht, was aus unseren Kindern wird. Sie sind jetzt 17 Jahre alt, aber was wird sein, wenn sie 27 sind? Was wird mit der Welt sein, wenn wir heute die Zeitung lesen? Und was können wir machen?“ – Nichts eigentlich, außer gegen alle Möglichkeiten, die in Angst uns dämmern möchten, ein Vertrauen zu setzen. Die Menschen, die uns anvertraut wurden, übergeben wir zurück in die Hände, aus denen sie stammen. Sie sind nicht mehr unsere Kinder, sie sind eigentlich und werden immer mehr die Kinder Gottes, und wir treten dahinter mehr und mehr zurück.

Etwas Ähnliches ereignet sich auch in der Psychotherapie, die eigentlich ja nur nachholt, was in früheren Zeiten hätte sein können, aber nicht so wie nötig sich ereignet hat. Auch in der Therapiesitzung, nach etwa 45 Minuten, geht jemand aus dem Zimmer und Sie können nicht vorhersagen, was wird. Sie haben eine Menge von Möglichkeiten vielleicht ansatzweise durchgesprochen. Wie aber der andere sich entscheidet, was ihm vor der Tür schon in den Weg tritt, wissen Sie nicht. Dennoch, Sie halten an ihm fest in absolutem Vertrauen: Gott gewährt Ihnen Hände, die nicht die Ihren sind, die aber die Person des anderen auffangen und geleiten werden. Nur mit diesem Vertrauen gehen wir miteinander durch die Welt.

HERIBERT KÖRLINGS: Der Vater und die Mutter übergeben die Kinder mehr und mehr sich selbst. Das bezieht sich auch auf das Verhältnis von Lehrkräften zu ihren Schülerinnen und Schülern. Sie geben sie auf ihren eigenen Weg und geben sie damit in diesem Vertrauen in den Schüler, die Schülerin, den Sohn, die Tochter in die Hände Gottes. Selbstfindung vor Gott wird möglich.

EUGEN DREWERMANN: Genau. Das Selbst ist wesentlich gebunden an ein Gegenüber, das absolut ist. Dieses absolute Gegenüber, die Person Gottes, scheint durch für alle, die Menschen begleiten. In diesem Sinne spricht MARTIN BUBER von Ich und Du, wie Sie erwähnten. BUBER hat das einmal verdeutlicht: Sie sitzen auf dem Stuhl, und es kommt Ihre Katze ins Zimmer. Dann können Sie sie als ein Es, als ein Objekt, als ein Exemplar der Feliden, betrachten, Sie können in ihr aber auch ein Lebewesen sehen, das Sie mit dem Vornamen anreden: „Miezi, komm doch." Dann reden Sie sie an als Du, und die Katze merkt es, sie gewinnt Vertrauen zu Ihnen und geht Ihnen um die Füße. Bei Menschen ist es genauso, nur noch viel weiter gedehnt ins Unendliche. Das Du, das Sie anreden, hat eine bestimmte Gestalt, aber es wird durchsichtig auf das Unendliche hin.

Von Selbstfindung und Gottfindung

HERIBERT KÖRLINGS: Ich möchte das auf die Identitätsthematik beziehen, von der wir ausgegangen sind: Selbstfindung und Gottfindung. Sie legen Wert darauf zu sagen: Das sind zwei Seiten derselben Medaille. Es wird Ihnen in diesem Zusammenhang vorgeworfen, den Glauben zu verpsychologisieren. Das alles sei nur Psychologie. Können Sie den Unterschied zwischen Selbstfindung und Gottfindung, und wie das miteinander zusammenhängt, erläutern?

EUGEN DREWERMANN: Die FREUDsche Psychoanalyse gilt als Muster für all das, was die Theologen seit eh und je bekämpft haben: Sie ist atheistisch, materialistisch, sexualistisch, mechanistisch, naturwissenschaftlich. So wollte sie selber sein. Was FREUD indessen *wirklich* entdeckt hat, ist eine Kostbarkeit, die der Jude in Wien zutiefst in Verbindung hätte bringen können mit dem Juden aus Nazareth: Man kann Menschen nur helfen, wenn man ihnen zuhört und sich bemüht, sie zu verstehen, wenn man auf sie zugeht, wenn man sie begleitet, wenn man ihnen bis in die Sensibilität ihrer intimen Gefühlsäußerungen zur Seite steht. Das ist das, was Jesus gemacht hat, im Namen Gottes.

Deshalb würde ich den Psychoanalytikern Freudscher Prägung gerne sagen, was ich in vielen Vorträgen auch tatsächlich gesagt habe: Ihr macht euch etwas vor, wenn ihr sagt, wir glauben nicht an Gott. Was ihr damit meint, ist, wir glauben nicht an den Patriarchalismus der Kirchenautorität. Wir glauben nicht an die Gehorsamsform, die der Staat Menschen auf den Kasernenhöfen auferlegt. Wir glauben nicht, dass es auf Erden etwas Absolutes über den Menschen gibt. In diesem Zusammenhang hatte Freud recht zu sagen: Ich wünsche der künftigen Menschheit etwas Besseres, als wir heute haben, in der österreichisch-ungarischen Monarchie und in Gestalt der katholischen Kirche. Wir können nicht den Ödipuskomplex, die Infantilismen der Kindheit, die Verweigerung der Fähigkeit zu lieben, die Zerstörung intimer Empfindungen unter einer Sexualmoral, die nur Schuldgefühle bereitet, weiter als Programm verteidigen; wir sollten dafür sorgen, dass die Vaterübertragung aufhört und wir uns unter Gott nicht länger die alte Vaterautorität der Kindertage vorstellen.

Heribert Körlings: Sonst wäre der Ödipuskomplex verewigt, bis in den Himmel überhöht.

Eugen Drewermann: Das müssen wir bekämpfen, und in diesem Punkt hat Freud, Gott sei Dank, eine Menge erreicht, nicht im Namen der bestehenden Religion, sondern im Kampf gegen das, was er als Religion präsentiert bekommen hat. Dennoch, auf dem Wege dahin hätte er etwas lernen können, das sich mit seinem Anliegen aufs Beste und Notwendigste verbunden hätte: die Unbedingtheit von Güte und Vertrauen. – Eine Patientin kommt zu Ihnen oder ein Patient. Sie haben eine bestimmte Gesprächszeit mit ihm ausgemacht. Die stehen Sie durch. Das Gespräch setzt sich fort, und Sie merken nach zwei oder drei Stunden, dass Sie sich mit Ihrem Patienten auf etwas einlassen, das Sie nicht entfernt geahnt haben. Seine Probleme sind viel tiefer, als er es selbst wusste und Sie es ahnen konnten. Jetzt erst, wenn der Betreffende, die Betreffende Vertrauen fasst, fängt er, fängt sie an, wirklich sich zu öffnen, und Sie erschrecken. Sie können sich womöglich sagen: „Mein Gott, hätte ich das doch nie angefangen." Aber der andere oder die andere hat Vertrauen zu Ihnen gewonnen. Sie sind der Einzige bisher in ihrem Leben, dem sie sich in dieser Weise anvertraut hat. Und dieses neu aufgeblühte Vertrauen dürfen Sie jetzt nicht zerstören. Sie können nicht sagen: „Mit Ihnen habe ich es zwar probiert, aber jetzt wasche ich mir die Hände, und Sie verschwinden am liebsten wieder aus meinem Leben." Sie würden bei einem solchen Vorgehen alles zerstören an einer Stelle, wo Sie sich selbst die Pflicht auferlegt haben zu helfen. Wie unbemerkt sind Sie zu jemandem in ein Boot gestiegen, das längst vom Lande abgelegt hat, und Sie wissen nicht, wie weit die Reise führen soll. Am Himmel haben Sie über sich den Polarstern und können ungefähr die Peilung des Kurses kalkulieren und die Abtrift einigermaßen abschätzen. Wo die Fahrt aber hingehen soll, kann nur derjenige sagen, bei dem Sie eingestiegen sind. Die Planken sind morsch, sehen Sie, das Schiff ist nicht gerade seetüchtig, aber Sie können nicht mehr aussteigen. Das ist in etwa Ihre Situation als Psychoanalytiker, Therapeut, als Ehemann, als Freund, als Freundin, als alles, was Sie anderen Menschen sind und sein möchten. Sie brauchen ein Vertrauen, das über Sie selbst hinausgeht und das Sie empirisch nicht begründen können. Trotzdem lassen Sie sich auf den anderen ein. Sie bleiben sein Begleiter. Sie tasten herum, gewissermaßen mit zwei Taschenlampen in einem dunklen Raum. In dieser lichtverschlossenen Kammer war Ihr Patient sein Leben lang zu Hause; im Grunde hatte er nie ein Zuhause, und doch kennt er in seinem Unzuhause sich ganz sicher besser aus, als Sie es selbst je vermögen. Allerdings sieht man mit vier Augen besser als mit zwei Augen. Insofern können Sie hilfreich sein beim Suchen nach sich selbst vor dem Hintergrund eines Vertrauens, das genau das möchte: Der andere darf und kann sich selbst finden als das, was von Gott her mit ihm gemeint ist. Dabei werden Sie dem anderen behilflich auf dem Wege eines geduldigen, immer tiefer gehenden Verstehens.

Heribert Körlings: Indem er immer näher an sich selbst herankommt, sich immer mehr selbst findet, findet der andere zugleich Gott.

Eugen Drewermann: Das ist das Erste, was Freud zu sagen ist: Er setzt als Therapeut ein Vertrauen voraus, das er überhaupt nicht begründen kann, das er aber praktisch in die Therapie einbringt. Nominell ist er ein Atheist, und doch: Im Grunde ist er so etwas wie ein Elias, so wie der Prophet auf dem Berg Karmel (vgl. 1 Kön 18,30–40). Ein solcher Mann ist in meinen Augen Sigmund Freud gewesen im Kampf gegen den Aberglauben der Vergötzung des Allzumenschlichen. Er versuchte die Neurotisierung des Religiösen abzubauen zugunsten der Freiheit der Menschen. Wie Moses die Israeliten aus der Knechtschaft in Ägypten geführt hat, so wollte Elias sie aus der Knechtschaft der Religion herausführen. Moses und Elias, das sind die zwei Befreiungsgestalten, die mit Jesus auf dem Berg seiner Verklärung reden (Mk 9,4). Da erkennt der Mann aus Nazareth, was er tun soll.

Bei Carl Gustav Jung finde ich die Rechtfertigung eines solchen Verständnisses von Psychotherapie in einer Form, die Theologen gegenüber sehr wichtig ist. Immer wieder haben Theologen Jung vorgeworfen, was man mir dann auch gesagt hat: Also ist Gott ja nur ein Teil der menschlichen Psyche. Selbstfindung ist ein Kreisen um sich selbst, ein „cor incurvatus in se ipsum", der in sich selbst verkrümmte Mensch. Das Gegenteil davon ist aber wahr: Menschen können furchtbar um sich selbst kreisen, dann nämlich, wenn sie Angst haben und wenn sie Schmerzen empfinden; dann drängt tatsächlich alles, was sie fühlen können, dahin, einen Ausweg zu suchen. Und wenn sie ihn wirklich nicht finden, kreist alles um die Frage nach einer Problemlösung. Aber das ist ein Notzustand, das ist nicht normal. Davon möchte die Therapie gerade befreien.

Dann ist die Frage: „Was ist denn mit Gott gemeint?" Darauf hat Jung so klar geantwortet, wie man es nur tun könnte. Er hat gesagt: „Ich rede überhaupt nicht wie die Theologen von Gott; denn wenn die von Gott reden, haben sie sofort das metaphysische und dogmatische Problem, was denn die richtige Religion sei. Ich mache das einfacher und spreche als Psychologe rein empirisch von Gott. Ich frage: Wie reden Menschen denn von Gott? Für mich ist Gott dasjenige, was sie in ihrer psychischen Energie ins Zentrum rücken. Was ihnen das Allerwichtigste ist, das ist ihr Gott. Das kann etwas ganz anderes sein als der Gott ihres formellen Bekenntnisses. Sie gehen etwa zur Kirche und beten dort, aber ihr Gott ist in Wahrheit das Geld oder der Ruhm oder das Echo auf ihre Person im Internet. Oder die Zuneigung ihrer Frau oder ihre Position in der Firma. Man kann viele Götter haben. Dann mögen die Theologen kommen und sagen, das alles verbiegt das Leben, das verkümmert, unterdrückt das wahre Leben eines Menschen. Das sollte nie das Zentrum des Lebens werden. ‚Du sollst den Namen Gottes nicht aufs Wahnhafte setzen' (Ex 20,7), so steht es schon in den Zehn Geboten. So etwas höre ich dann gerne. Denn als Psychotherapeut möchte ich die falschen Gottheiten in der Seele des Menschen beseitigen, indem ich ihnen ermögliche, sich selbst zu finden und vieles nicht mehr zu verehren und für mittelpunktfähig zu halten, was nur Verformungen und Notsituationen hervorruft und diesen entstammt."

Heribert Körlings: Das ist ein Prozess der Reinigung der Vorstellung von Gott.

Eugen Drewermann: So ist es. Psychotherapie ist, wie jede menschlich wohltuende Begegnung, ein Prozess der Reinigung. Wenn dann am Ende jemand sagt: „Ich fühle mich akzeptiert, ich bin eingetaucht in ein Feld des Wohlwollens", dann mag ich sagen, er habe Gott gefunden. Oder wie würde die Theologie das jetzt bezeichnen? Was hat er gefunden, wenn er sagt: „Ich bin zum ersten Mal im Einklang mit mir selbst, ich bin in meinem Felde angekommen, ich fühle mich gemeint und angenommen." Das, was ich jetzt erfahre als das Zentrum meines Lebens, das nenne ich Gott in meiner Sprache. Ich habe eine Wahrheit, die ich mir zutraue, die ich dem anderen zutraue und in der ich mich bestätigt fühlen darf, weil sie für mich stimmt.

Heribert Körlings: Gott ist das, was mich unbedingt angeht.

Eugen Drewermann: Das ist ein wunderschöner Satz, den Paul Tillich dafür geformt hat.

Heribert Körlings: Ich möchte etwas von C. G Jung erzählen, was mich beeindruckt hat. Über dem Haus von C. G. Jung steht: „Vocatus atque non vocatus, deus aderit" – „Gerufen oder nicht gerufen, Gott wird da sein".

Eugen Drewermann: Genau, so ist es!

Heribert Körlings: Das ist dann nicht der Gott der Verformungen von Eltern, Autoritäten, besserwisserischen Theologen, Dogmatikern, sondern Gott in mir und über mich hinaus. In seiner Autobiografie „Bekenntnisse" schreibt Augustinus über seine Suche nach Gott: „Doch Du warst noch tiefer in mir als mein Innerstes und höher noch als mein Höchstes."

Eugen Drewermann: Sie können es genauso wiedergeben mit der wichtigsten Selbst-Offenbarung des Göttlichen in der ganzen Bibel (Ex 3,14). Da fragt Moses, als er dazu berufen wird, das Volk in die Freiheit zu führen: „Was soll ich denn sagen? Ich komme jetzt zu den Israeliten, und ich sage ihnen, Gott hat mich gesandt. Da werden sie mich fragen, wie dieser mein Gott denn heißt, wer er überhaupt ist.

Was soll ich dann sagen?“ Und die Antwort Gottes darauf ist: „Was soll das, du fragst nach meinem Namen? Ich bin da, als der ich da sein werde, das ist mein Name.“ So übersetze ich die Stelle in Ex 3,14 mal mit MARTIN BUBER. Das soll heißen: Ich bin jemand, den kein Theologe, kein metaphysischer Philosoph, kein Grübler oder Ideologe irgendeiner religiösen Konfession je auf den Begriff bringen wird. Ich bin das Unaussprechliche. Die Muslime würden jetzt sagen, ich bin derjenige, der sich hinter 1000 Namen verbirgt, weil er unaussprechbar bleibt. Und doch bin ich eine Erfahrung, die du machen kannst. Ich bin da, in jeder Situation, in der du dich befindest, und ich bin so für dich da, wie ich dann da sein werde, um dir beizustehen, also meist in Ergänzung und im Widerspruch zu der Lage, in der du dich befindest. Wenn du am Boden liegst, bin ich derjenige, der dich aufhebt; wenn du in die Irre gehst, bin ich derjenige, der dir den Weg versperrt; wenn du zu hoch hinauswillst, bin ich derjenige, der dir deine wahren Maße zeigt und dich dahin bringt, sie zu akzeptieren. Ich werde immer da sein, so, wie du es nötig hast. Das bin ich. Diese Erfahrung kannst du ständig machen.

Um das am Beispiel zu verdeutlichen: Ich hatte eine wunderbare Erfahrung mit einer Frau, die vor etlichen Jahren gestorben ist. Sie war sehr religiös groß geworden als Protestantin, hatte aber katholisch geheiratet; sie musste dabei lernen, dass nicht einmal MARTIN LUTHERS Reformationsprogramm endgültig ist, sondern sich weiter durch die Liebe interpretieren lassen darf. Als ihr Mann starb, der ihr sehr wichtig war, war für sie Gott wie gestorben, und wir hatten einen langen Weg zu gehen, um ihn wiederzufinden. Eigentlich war bisher ihr Mann ihr Gott gewesen. Irgendwann sagte ich ihr dieses Wort: „Ich bin da, als der ich da sein werde.“ Und in der nächsten Stunde erzählte sie mir – sie hatte Herzschwierigkeiten –, wie sie im Wartezimmer ihres Hausarztes kollabiert war; ihr war schwarz geworden vor den Augen, doch während sie vom Stuhl sank, dachte sie an unser Gespräch. „In dem Moment“, erzählte sie, „habe ich mich erinnert an Ihre Worte: Ich bin doch da. Da wusste ich: Was immer jetzt geschieht, ich werde in seine Hände gleiten.“

Schöner kann man nicht sagen, wie man Gott findet, indem man zu sich selbst findet. Selbstfindung ist, so verstanden, auch ein Standhalten vor der Endlichkeit des Lebens, vor der Gewissheit des Todes. Egal, was ich bin, was aus mir wird, was ich geworden bin, all das vertraue ich den Händen an, aus denen es kommt und in die hinein es zurückwill. Ich kann mich nur finden, indem ich von Gott gefunden werde.

Ein Leben ohne Gott?

HERIBERT KÖRLINGS: *Inwieweit ist die Ehrfurcht vor Gott die bessere Alternative? Denken Sie nicht, dass man auch ohne Gott zum Ziel finden kann?*

EUGEN DREWERMANN: Von denen, die das sagen, kenne ich viele, doch sie meinen damit im Grunde dieses: Das, was man mir als Gott beizubringen versucht hat, ist für mich inzwischen etwas Lächerliches, Abergläubisches, Unwissenschaftliches, Volksverdummendes, Illusionäres, Freiheit-Unterdrückendes, Moralinsaures, Schuldgefühle-Bereitendes geworden. Ich bin das alles leid. Die Kindereien, die man mir aufgezwungen hat, darüber bin ich hinaus. Das heißt dann: Ich kann an keinen Gott mehr glauben. Es kommen viele noch hinzu, die aus wirklichen Erfahrungen in den Unglauben getrieben wurden durch eine merkwürdig falsche Verkündigung. Man hat ihnen beigebracht, dass Gott sie hört, wenn sie beten. Gott ist zu allem imstande, er kann alles, was ihr wollt, er kann Wunder wirken nach Belieben, ihr müsst nur tüchtig beten. Dann aber mussten sie erleben, dass sie gebetet und gebetet haben, aber ihre Mutter starb mit 45 Jahren an Brustkrebs oder Leukämie. Das war für sie, als wäre ihr Leben zu Ende. Sie waren damals gerade 12 oder 13 Jahre alt. Und auch der Vater kam damit nicht zurecht. Er wurde zum Trinker. Was und wo war jetzt Gott? Mehr beten, als man getan hat, konnte man nicht um das Leben der Mutter, doch das Gebet blieb unerhört. Also gibt es doch wahrscheinlich keinen Gott, der uns erhört und beisteht. – Ein Mann, der später Arzt wurde, hat mir das voller Wut erklärt: „Wenn Gott alles kann, wie die Kirche sagt, aber nichts tut, und wir zudem annehmen, es gäbe, was die Kirche ja auch behauptet, ich aber nicht mehr glaube, es gäbe eine Auferstehung der Toten und ein Jüngstes Gericht, dann sage ich Ihnen: Ich werde vor Gott hintreten und ihn, den Allmächtigen, anklagen wegen unterlassener Hilfeleistung. Deshalb bin ich Arzt geworden, damit die Tragödien mancher Mütter und Kinder verhindert werden." Ich konnte ihm in seinem Protest nur sagen: „Das ist der Gott, den Jesus eigentlich verkündet hat. Er hat uns genau ihre Geschichte erzählt in dem Gleichnis vom barmherzigen Samariter (Lk 10,25–37). Da können Sie nachlesen, wie ein frommer Priester, der gerade vom Tempel kommt, an einem Schwerverwundeten am Wegesrand vorbeigeht, um nicht unrein zu werden, indem er einen blutverschmierten Verletzten oder schon Sterbenden mit der

Hand berührt. Er wäre laut Gesetz in diesem Falle nicht mehr tempelfähig als Gottesdiener. Jemand aber wie Sie, der als Samariter nicht den richtigen Glauben der Synagoge hat, geht hin und hilft ihm. Und ich glaube, das wollen Sie. Sie glauben nicht mehr an den Gott, der im Tempel wohnt und als Knecht schriftgelehrter Orthodoxie Sie als Samariter ausstößt. Sie möchten, dass man Menschen hilft, und Jesus sagt in seiner Geschichte: ‚Es ist mir egal in deiner Hilfsbereitschaft und Menschlichkeit, woran du jetzt glaubst; du hast Gott gefunden. Nicht im Tempel hast du ihn gefunden, aber da, wo du hingehst, einem Menschen zu helfen, ist er gegenwärtig.' Sie glauben nicht an Gott, aber Sie tun, Gott sei Dank, gerade das, was Jesus wollte. – So kann man die Frage nach Gott auch sehen. Und von Leuten dieser Art finde ich jeden Tag etliche – anonyme Christen, hätte Karl Rahner sie genannt."

Heribert Körlings: Die brauchen das dann gar nicht mit Gott zu bezeichnen.

Eugen Drewermann: Eben! „Atheismus", „Unglaube" ist oft ein Protest gegen das, was man als Gott in den Kirchen verkündet hat. Man muss dieses Gottesgespenst bekämpfen, um zu Gott zu kommen.

Heribert Körlings: Gott wird im menschlichen Handeln erfahren, in der Ich-Du-Beziehung. Aber junge Leute sagen:

„Ich bin selbst stark genug. Ich bin stark und lebendig, darum brauche ich Gott nicht."

Friedrich Nietzsche hat ähnlich gedacht.

Eugen Drewermann: Ich muss jetzt bei aller Bewunderung für Nietzsche sagen, was er selbst sich auch hätte sagen können und was er an dieser Stelle wohl auch zugeben würde. Er war gerade 24 Jahre alt, als er an Syphilis erkrankte und geplagt wurde seither von rasenden Kopfschmerzen; er konnte kaum noch sehen. Ich habe im Schiller-Museum, von dem ein Teil auch eine Nietzsche-Ausstellung ist, in Weimar, voller Schrecken das hölzerne Köfferchen gesehen, mit dem Nietzsche für gewöhnlich auf Reisen ging, darin vor allem seine Lupe, mit der er sich zwang, mühsamst noch lesen zu können oder noch lesen zu dürfen, was er selbst geschrieben hatte – eine ungeheure Anstrengung. In diesem Hause lag er im Obergeschoss, völlig unfähig, für sich zu sorgen, am Ende pflegebedürftig. In dieser Situation hat er angekämpft gegen seine Schwäche. Man muss stark sein, lehrte er, man muss einen eisernen Willen haben, man muss groß sein, man muss als Ersatz für Gott den Übermenschen schaffen, weil alles Menschliche zu wenig ist, in jeder Form zu wenig. Natürlich hat er damit eine Doktrin aufgestellt, die keines Gottes bedarf. „Wenn es einen Gott gäbe", so schrieb er, „wie hielte ich es aus, kein Gott zu sein." So steht es in seinem Buch „Also sprach Zarathustra".

Heribert Körlings: *Ist Gott nicht mit Regeln verbunden?*

Eugen Drewermann: Was Nietzsche vor Augen hat, ist ein Gott, der, freudianisch gesprochen, identisch ist mit dem Über-Ich, also mit der verinnerlichten Vaterautorität. Es ist ein Gott der Unfreiheit, der Dauerzensur, der Triebunterdrückung, der Zerstörung der Liebesvoraussetzungen im Leben, eigentlich eine Kadavergehorsam verlangende äußere Kontrollinstanz – dagegen hat Nietzsche sich aufgelehnt in allem. Aber er hat dieses Bild der Vaterautorität mit der Religion des Christentums identifiziert. Dabei ist Nietzsche derjenige, der die Botschaft Jesu auf eine Weise aufgegriffen hat, die ich den Theologen nur zur Pflichtlektüre empfehlen könnte. Er schildert Jesus als jemanden, der im Vertrauen auf Gott keine quälenden Schuldgefühle gekannt hat, der keine Opfer nötig hatte, auch keine Rituale und Formeln, sondern der mit Gott auf das Innigste verbunden war, in einer inneren Freiheit, in einem Moment vollkommenen Glücks. Der Himmel, das Gottesreich – in seiner Nähe war es gegenwärtig. Dieses Gefühl den Menschen wiederzubringen, war der ganze Versuch Jesu. Dafür brauchte er kein Geld, dafür brauchte er keine Macht, dafür brauchte er nicht den üblichen Selbstbetrug von Selbstdarstellung und Größenwahn, er musste nicht gierig werden nach fremder Anerkennung. Schaut auf die Lilien des Feldes, konnte er sagen. Sie wachsen einfach; hört die Vögel im Himmel, sie sorgen sich nicht um den morgigen Tag (Mt 6,25–28). Kierkegaard konnte das auf seine Weise einmal sagen: Die Sonne steht am Himmel, und sie geht unter. Und dann kommt der Mond, und die Sterne ziehen auf. Und der Sommer vergeht, und es erscheint der Winter, und die Vögel wandern nach Süden. Er geht den ganzen Jahresablauf durch, um am Ende zu schließen mit den Worten: „Sind nicht die Lilien und die Vögel und der Wechsel der Zeiten genug, um sich daran zu freuen?"

Der Däne Kierkegaard war ein Mann, der immer wieder betont hat, dass wir das Unendliche brauchen, um hier auf Erden das Endliche zu bestehen, dass wir ein inneres Gleichgewicht brauchen, um frei zu sein. Zwischen Zeit und Ewigkeit, zwischen Hüben und Drüben, zwischen Diesseits und Jenseits müssen wir wissen, dass wir unterwegs sind zu etwas, das uns meint und gerufen hat. KIERKEGAARD wusste, dass wir die Freiheit in der ständigen Unsicherheit ihrer Möglichkeiten nie anders aushalten, als indem wir stets auf Vergebung hoffen dürfen, wenn wir etwas falsch machen, auf Korrektur von innen, statt von äußeren Strafen uns belehren lassen zu müssen, auf eine Bejahung in uns selbst, die uns Selbstvertrauen gibt.

Das alles ist eine Art philosophischer „Therapie“, die weit über das hinausgeht, was NIETZSCHE der Menschheit vorgeschlagen hat. Bei NIETZSCHE stehen am Ende Kampf, Krieg und Gewalt in der Stärke des Willens zur Macht als Ersatz für Gott. Das ist ein furchtbares Bild.

HERIBERT KÖRLINGS: NIETZSCHE hat Jesus davon ausgenommen.

EUGEN DREWERMANN: Sehr wahr! Aber das Christentum, die Theologie der Kirche hat er bekämpft. Er hat gemeint, man habe im Christentum die Menschen krank gemacht, damit man die Verkünder des Christentums als Ärzte überhaupt nötig habe.

HERIBERT KÖRLINGS: Nachdem man die Menschen erst erlösungsbedürftig gemacht hat, kann man sie erlösen.

EUGEN DREWERMANN: Ja, das war sein Vorwurf, den er übrigens auch DOSTOJEWSKI gemacht hat, von dem er freilich selbst schreibt, er sei der Einzige, von dem er psychologisch etwas habe lernen können. Was DOSTOJEWSKI angeht, so hat der russische Autor wie kein anderer in die Abgründe der menschlichen Seele hineingeschaut: in ihre Verlorenheit, ihre Hilfsbedürftigkeit, ihre Verzweiflung, ihre Suchtabhängigkeit, ihre Unfähigkeit, sich selbst zu akzeptieren. Und wie geht man damit um?

An dieser Stelle muss man sagen: „Lieber FRIEDRICH NIETZSCHE in Weimar, dafür hast du keine einzige Antwort. Auf all das trittst du mit Füßen, weil du alles Schwache und Kranke verachtest. Aber im Grunde verachtest du damit doch nur dich selbst. Und das hast du nicht verdient. Was du meinst, ist nämlich richtig: Man darf nicht Menschen krank reden, die gesund sein können, man darf nicht die Krankheit ausnutzen zum Geldverdienen und zum Machterwerb. Ärzte haben nicht die Aufgabe, die Menschen krank zu machen, um an ihnen zu verdienen. Sie haben die Pflicht zu begreifen, worin die Krankheit besteht, und sich durch eine hoffentlich gelingende Behandlung mit der Gesundung des Patienten überflüssig zu machen."

HERIBERT KÖRLINGS: Das pädagogische Ideal besteht darin, dass die Lehrerin, der Lehrer sich überflüssig macht.

EUGEN DREWERMANN: „Durchsichtig" haben wir eingangs gesagt. Ganz genau.

HERIBERT KÖRLINGS: Jesus ist derjenige, der Gott als das Ja zum Leben bringt: „Ich will, dass sie das Leben haben und es in Fülle haben" (Joh 10,10).

EUGEN DREWERMANN: NIETZSCHE hat ein Ähnliches gewollt, indem er gegen den Christengott DIONYSOS als Gott verkündigte. Das war der Weingott der Griechen, der Gott, der im Rausch der Ekstase für NIETZSCHE die Welt überhaupt erst verständlich machte. NIETZSCHE meinte, die Welt könne man überhaupt nicht begreifen, solange man sie moralisch zu bewerten sucht, denn in moralischer Bewertung sei sie nicht gut. Im Gegenteil, moralisch beurteilt, muss sie als grausam, als schrecklich erscheinen, als absurd würden wir heute sagen; in jedem Fall steckt sie voller Tragödien. Also muss man die Welt dionysisch als das Theaterstück einer Tragödie interpretieren, das von der Aufführung einer Komödie begleitet wird. Das eigentlich wollte NIETZSCHE, dass man dem Leid der Welt Widerstand leiste, indem man es überwinde, und lachend ihm gegenübertrete; es gelte, die Komödie zurückzugewinnen gerade in Anbetracht der offensichtlichen Tragödie. Das alles wohlgemerkt sind Programme, denen ich nicht folgen mag, denn NIETZSCHE verband damit den Kampf gegen SCHOPENHAUER und seine Ethik des Mitleids; dagegen setzte NIETZSCHE eine Ethik, die eigentlich gar keine mehr ist, sondern einseitig auf Kraft und Stärke basiert. Aber richtig nun: Mit DIONYSOS hat NIETZSCHE die Bejahung aller Erscheinungsformen des Lebendigen verbunden; er hat sich gedacht, wenn wir die Welt überhaupt verstehen wollen, dann müssten wir sie als die Kunstschöpfung eines bacchantischen Gottes, eines Betrunkenen, interpretieren. Dieses Konzept ist nicht mehr moralisch zu verstehen. Es ist hingegen lustvoll, triebhaft, animalisch, übermenschlich – was auch immer. Es spricht alle Sinne an, alle Leidenschaften, vor allem die Sexualität zum Beispiel, um die

FREUD sich freilich eher im Sinne SCHOPENHAUERS zu bemühen versucht hat. Sie muss bejaht werden, natürlich. Aber bei NIETZSCHE stellt sich auch die Frage nach dem Unheimlichen im Menschen; er betrachtete das Zerstörerische, Aggressive, Sadistische, Perverse ebenfalls als zur Natur gehörig; er fragte nicht, wie man den Werdegang und die Entstehung pathologischer Grausamkeiten erklären und therapieren könnte. Für ihn war Krieg eine begrüßenswerte Erscheinung des dionysischen Charakters der Natur, die ebenso schöpferisch wie zerstörerisch ist. Man muss halt durchhalten und stark sein. So einfach aber kann es nicht sein. Was NIETZSCHE vorschlägt, ist die Verweigerung dessen, was zu jeder Psychotherapie gehört: Das bei SCHOPENHAUER als Grundlage aller Ethik verstandene Mitleid besagt: Ich bin wie du, was in dir vor sich geht, kenne ich von mir selbst; die Schwäche, an der du leidest, verstehe ich schon deshalb, weil ich selbst sie durchgemacht habe. Wir sind verbunden im gleichen Schicksal und stehen uns als Verbündete bei.

Wir brauchen Gott zum Leben

Und es wird jetzt meine kürzeste Antwort auf die Frage der Schüler. Wenn ich mich doch wohlfühle, wenn ich stark bin, wenn ich in der Schule arbeite, wenn ich in Mathe eine Eins habe, brauche ich doch keinen Gott. – Wenn ich eine Freundin habe, wenn ich mich lebendig fühle, dann kann man sagen: Es ist schön, dass du dich so wohlfühlst. Doch jetzt: Glaube nicht, das wäre das ganze Leben! Ich kann dir wünschen, dass dein Glück noch lange so bleibt. Aber wenn du ein Stückchen tiefer schaust, wirst du merken, dass du lediglich Glück gehabt hast in deinem Glück. Schon deinem Nachbarmädchen geht es anders. Es ist nicht, dass du verdient hättest, dass es dir besser geht, oder dass sie verdient hätte, dass es ihr schlechter geht. Die eigentliche Frage lautet jetzt, was euch verbindet. Wie könnt ihr Verbündete werden? Das geht nur, indem ihr ehrlich werdet und anerkennt, dass alles, was ihr seid, nicht das ist, was ihr selbst erschaffen hättet, worauf ihr stolz sein könntet; es ist etwas, das man euch geschenkt hat und das nichts ist als ein Geschenk zum Weitergeben. – Wie könnt ihr also euch selbst so mitteilen, dass ihr für den anderen das, was ihr gerade noch voller Stolz als Eigenbesitz reklamieren mochtet, zum Austausch zwischen euch und zur Verbundenheit miteinander einbringen könnt? Ab sofort ist es vorbei mit der Maxime: Leben ist Spaßhaben und

Glücklichsein. Plötzlich braucht ihr Gott, denn ihr könnt euer Leben als Geschenk nur begreifen aus den Händen dessen, der es euch geschenkt hat.

Mag sein, dass ihr sagt: „Ist mir doch egal, wer mir das geschenkt hat, von mir aus nennt's die Natur. Die Natur ist eben ungemein durcheinander, sie ist ungerecht, hat NIETZSCHE ja selbst gesagt, die Natur ist dionysisch. Ihr ist es egal, ob jemand leidet oder nicht. Selbst wenn er kreischt vor Schmerzen, ist er doch immer noch ein Ton in der großen Opernaufführung der Natur. Da braucht man tragische Rollen, da braucht man Leid und Schmerz, da braucht man Heulen und Wehklagen. Das alles ist doch in der Dramaturgie einer WAGNER-Oper schon vorgesehen." Doch mit einer solchen Aussicht wäret ihr auf dem Holzweg, denn so könnt ihr euch selbst nicht in Bezug zu anderen Menschen verstehen. Ihr habt nicht die Erlaubnis, Menschen zu quälen, damit sie wunderschön kreischen für die Oper, die ihr mit ihnen aufführt. Eine solche Einstellung führt zu lauter Missverständnissen.

HERIBERT KÖRLINGS: *Engt Gott mich in meinem Leben nicht ein?*

EUGEN DREWERMANN: Gott ist vor allem die Bejahung auch des schon zerstörten Lebens, die Annahme auch des verformten, des sich selbst preisgegebenen, verlorenen Lebens. Das ist ein Aspekt, der bei NIETZSCHE nur negativ vorkommt, eben das, was ich mit dem Begriff „Mitleid" umschrieben habe. Im Gegensatz dazu ist es eine therapeutische Haltung, die Jesus in die Welt bringt. Da ist niemand zu verstoßen. Die Leute, denen er die Bergpredigt vorträgt, kommen von weit her. Sie brauchen ihn, denn sie spüren: Endlich ist da eine Stimme, die zu ihnen Ja sagt.

Sie kennen das Beispiel: Eine Dirne kommt zu Jesus. Die Schriftgelehrten sitzen da, und vor ihren Augen betritt eine stadtbekannte Hure den Raum und will Jesus mit Narde salben. Damit wollte sie eigentlich sagen: „Das ist der Mann, den Gott mir selbst gesandt hat, der ist mein Messias, er ist der Einzige, der mich glauben macht, dass ich mich bei ihm sehen lassen dürfte. Diesen Mann brauche ich als von Gott gesandt. Denn so seid ihr alle nicht, ihr Schriftgelehrten."

Die allerdings sitzen jetzt da, unbeirrt abweisend, richtlinienklar, gesetzestreu, und dann kommt sie, mehr gekrochen als gegangen, und wirft sich ihm zu Füßen; statt ihm das Haupt zu salben, bricht sie in Tränen aus. Die ganze Szene tut ihr leid. Sie nimmt die Haare, um seine Füße zu trocknen, und auch damit macht sie alles nur noch schlimmer. Die Pharisäer erklären, wenn das ein Mann Gottes wäre, wüsste er doch, wen er vor sich hat, er würde sie mit einem Tritt hinausjagen. Er hat kein Schamgefühl. Jesus hingegen sagt: „Sie weiß zumindest, was Liebe ist. Das wisst ihr alle nicht" (Lk 7,36–50). Ihr wird ihrer Liebe wegen alles vergeben!

Mit diesen Worten bestätigt Jesus: Es können zu mir auch „solche" kommen.

Auch und gerade eine Hure darf zu mir kommen. Genau diese Haltung wird man Jesus vorwerfen. Zöllner, Huren, Bettler, das ganze Mischpoke-Gesocks in Galiläa, das sind anscheinend seine Freunde!

Dass Jesus diese Außenseiter sucht, steht offensichtlich in diametralem Gegensatz zu Nietzsche. Das ist ein Ja zum Leben, viel größer und viel stärker, als der deutsche Philosoph und Gottesleugner es geahnt hat.

Was machen wir jetzt mit der relativ weit verbreiteten Einstellung: „Mir geht es gut. Deshalb brauche ich keinen Gott"?

Auf diesem selbstgewissen Weg gibt es mindestens zwei Ampeln, die auf Rot geschaltet sind.

„Es geht mir gut", ist eine Aussage, die allenfalls für den Augenblick gilt. Bei einigem Nachdenken kann jeder sich sagen, dass es ungewiss ist, wie lange sein vermeintliches Glück noch dauern mag. Wohl, jetzt gerade habe ich Glück gehabt, aber das ist kein Abonnement für die Zukunft.

Immerhin mag man noch sagen: „Ich will mich nicht mit Ideen beunruhigen, die mich nur quälen und keinen Sinn ergeben. Ich muss leben, wie es mir eben geht. Jetzt gerade geht es mir gut, und so brauche ich keinen Gott." Logischerweise ginge aus einer solchen Einstellung hervor, dass ich Gott so lange nicht brauche, wie es mir gut geht. Darin läge dann aber auch schon die Behauptung, dass ich durchaus in die Lage kommen könnte, ihn dringend zu benötigen, sobald es mir schlechter geht. Dann allerdings würde ich bald feststellen, dass man Gott überhaupt nicht „gebrauchen" kann. Er ist nicht die Ausrede für eigenes Versagen, er ist kein Lückenbüßer für unsere Fehler, er ist keine Anlaufstelle für schlechte Ausreden.

Die Wahrheit dabei lautet freilich, dass Menschen sich in aller Regel tatsächlich erst Gedanken machen über ihre Wirklichkeit hier in der endlichen Form ihrer Existenz, im Diesseits, wenn sie empfindliche Einbrüche in ihrer Biografie erlitten haben, wenn sie in gewissem Sinn enttäuscht worden sind in ihren Planungen, wenn sie aus der Bahn geworfen wurden oder in Krisen geraten sind. Dann erst verstehen sie das Leben tiefer. Das euphorische Glücksgefühl an der Oberfläche kann dann nicht mehr standhalten. – Das ist eine Erfahrung, die man vielleicht Sechzehn- oder Achtzehnjährigen noch nicht ohne Weiteres zumuten möchte – es darf natürlich niemand unglücklich gemacht werden, auf dass er plötzlich tiefer zu sehen lernt. Aber richtig ist, dass wir im Grunde so ähnlich wie in manchen Teilen Mexikos leben: Da gibt es Wasser unterhalb einer Erdschicht, in die sich die Splitter eines Meteoriten als Brunnen, als Cenotes, durchgeschlagen haben. Das, woraus wir wirklich leben, ist ein Untergrund, an den wir nur im Einschlag einer Riesenkatastrophe kommen. Man vermutet, das war vor über 60 Millionen Jahren, als das ganze Mesozoikum zu Ende ging und die Dinosaurier ausstarben.

Merkwürdig ist so betrachtet bereits die Naturgeschichte, doch unsere Biografie ist es nicht minder. Wir erlangen Tiefsinn oft wirklich erst, wenn wir hinabgeschleudert werden von einem allzu hochgemuten Standard. Dann fangen wir wirklich an, nachzudenken. Wir *müssen* dann sogar nachdenken und kommen bald darauf, uns die Aussagen, Weisheiten und Überlegungen als Hilfe herbeizuholen, die wir Theologen, Religionsgründern und Dichtern in großer Zahl verdanken und die wir in ihren Schriften und Überlieferungen nachlesen können. Wir brauchen plötzlich deren Gedanken wie Medikamente und fangen an, genau die Diskussion zu führen, die wir bis dahin als überflüssig geradezu vermieden haben. – Das ist das eine.

Das andere ist: Wir kommen mit Menschen zusammen, die gerade einen solchen Beistand gemeinsamer Nachdenklichkeit von uns erwarten. Wir sollten sie in ihren Gebrochenheiten und Zerbrochenheiten verstehen.

Menschen wollen gewiss nicht krank gemacht werden, um dann Gott beigebracht zu bekommen als die Ursache ihrer Krankheit. Solche Ideen haben wir mittlerweile hinter uns; wir haben den neurotisierenden Gott, den Ödipuskomplex, den moralisierenden, autoritären, patriarchalen Richter auf dem Throne als möglichen oder vorgeschriebenen Glaubensinhalt längst aufgegeben. Aber das Umgekehrte gilt dann doch viel mehr: Wir brauchen Gott, damit er uns als Kranke bei der Hand nimmt, auf dass wir gesund werden. Seine Güte ist das einzige Element, das uns hilft, uns wiederzufinden, wenn wir uns verloren haben; das uns Kraft gibt, wenn wir selbst keine mehr spüren; das uns Hoffnung schenkt, wo wir mitten in die Hoffnungslosigkeit hineingedrückt werden; wo wir an Sinn glauben dürfen, wenn uns alles wie ein ausgeprägter Unsinn, sogar als verbrecherisch erscheint. In solchen Erfahrungen brauchen wir Gott unbedingt. Um uns diesen Halt zu geben, ist das Licht, das vom Himmel zu uns kommt, natürlich umso tiefer als der Brunnen ist, in den es hineinfällt. So ist das gemeint: Unten auf dem Grund des Brunnens sehen wir die Sonne sich umso heller spiegeln.

Heribert Körlings: Um es mathematisch auszudrücken: Wir setzen Gott als das positive Vorzeichen vor unser Leben.

Eugen Drewermann: Da haben Sie völlig recht. Wir können alle Additionen oder andere Rechenoperationen innerhalb der Klammer durchführen, wie wir wollen. Entscheidend für den Wert des Resultats ist das Vorzeichen. Das entscheidet in unserem Themenzusammenhang über Vertrauen und Unglauben.

Heribert Körlings: Jesus hat Gott als das absolut positive Vorzeichen vor die Klammer unseres Lebens gebracht. Das ist sein Programm: „Ich will, dass sie das Leben haben und es in Fülle haben" (Joh 10,10).

Eugen Drewermann: Dieses Vorzeichen macht in der Tat den Unterschied zwischen Vertrauen und Verzweiflung aus, und es hat damit zu tun, wie wir uns wesentlich verhalten. Wenn wir uns wesentlich nur auf die Welt beziehen, auf die Umstände, auf die glücklichen Verhältnisse, in die wir hineingeraten sind, haben wir keinen wirklichen Grund unter den Füßen. Wir existieren dann nicht selbst. Kierkegaard hat einmal gesagt, diese Art von Glück sei die beliebteste Ausrede, um sich selbst zu entfliehen, es sei die beste Camouflage für jede Form von Verzweiflung. Ein rein äußeres Glück sieht wunderschön aus, aber es ahnt gar nicht, wie ausgeliefert es an die Zufälle ist, von denen es abhängt. Es braucht sich gar nicht selbst zu finden, weil es derart an die Umstände ausgeliefert ist, dass es ihm dabei gut zu gehen scheint. Glück ist in Wahrheit aber eine selbstbestimmte Form der Identität mit sich selbst. Von der hat Kierkegaard einmal gesagt, sie sei nicht anders zu finden als durch die Passage der Verzweiflung. Glaube in diesem Sinne, die Positivität des Vorzeichens unserer Existenz, ist das Durchkreuzen der Negation vor der Klammer: Glaube ist eine durch Verzweiflung gefundene Unmittelbarkeit. Es ist die einzige Alternative, die man finden kann, wenn man gründlich genug über die Brüchigkeit unserer irdischen Existenz nachdenkt.

Heribert Körlings: Das Vertrauen als die bewusste Entscheidung ist die Voraussetzung dafür, dass man sich selbst und Gott findet.

Eugen Drewermann: So ist es. Nur: Welche Gründe hat man, sich bewusst zu machen, wer man ist, solange man gar nicht nachzudenken braucht, weil man durch das Leben allzu „glücklich" geschoben wurde?

Heribert Körlings: Sich die Frage zu stellen, wer ich bin, ist eine Lebensfrage. Sie gehört also auch zum Leben junger Leute.

Eugen Drewermann: Richtig: Trotzdem ist es für viele so schwer zu begreifen wie dass die Luft, die sie atmen, eine eigene Schwerkraft besitzt. Die Schwerkraft der Luft verhindert, dass wir durch den Innendruck zerplatzen, aber wir spüren diese Kraft nicht, sie gilt uns als selbstverständlich. So ist es für viele mit Gott: Sie leben in ihm und von ihm, doch sie merken kaum, worin ihr alltäglicher Frohsinn letztlich gründet.

Kapitel 2

Jesus als Weg zum Leben

Mich an Jesus orientieren

HERIBERT KÖRLINGS: *Sie schreiben, dass Jesus uns verwandeln soll. Soll er uns kontrollieren, dass wir so werden wie er?*

EUGEN DREWERMANN: Nein, gerade nicht, obwohl im Neuen Testament immer wieder betont wird, dass die Nachfolge Jesu die entscheidende Lebensform darstellt und von Jesus ausgegangen ist. Jesus möchte in der Tat unser Leben verwandeln. Aber gerade nicht mit äußeren Anweisungen, nicht mit erhobenem Zeigefinger, nicht mit moralischen Zusatzkommentaren zu den 613 Gesetzen des MOSES oder zum Paragrafenwust im Bürgerlichen Gesetzbuch, sondern in all dem, wovon wir gesprochen haben: Er möchte und vermag unser Leben zu erweitern im Vertrauen zu Gott und im Selbstvertrauen zu uns selbst, in der Verstärkung der Fähigkeit zu lieben und in der Befähigung, das Leben, das uns umgibt, anzuerkennen, zu schützen, zu behüten, zu bewahren vor all seinen möglichen Schädigungen.

Eigentlich ist die wahre Verwandlung Jesu zurückzuführen auf eine Einsicht, die ungeheuerlich ist und die wir uns ohne ihn kaum in dieser Krassheit zuzumuten wagen. Ich gebe der Bibel recht, wenn sie schildert, in den Augen Jesu sei die Welt, die wir bewohnen, wie in der Macht des Teufels selbst erschienen. Ich drücke mich jetzt einmal bewusst mythisch aus. Was wir zu sehen bekommen, ist eine Welt, die wir, profan gesprochen, ohne Zweifel für ein Irrenhaus halten müssten. – Sie lesen die Zeitung, und Sie haben jeden Tag vor Augen, dass gerade wieder Krieg ist und Menschen auf Menschen losschlagen oder vor ihnen fliehen. Dass sie im Mittelmeer ertrinken, wir aber haben natürlich kein Geld, um sie zu retten. Denn wir haben Grenzen, die wir schützen müssen. Wir müssen Waffen liefern, um Menschen zu beschützen. Wir müssen auf dem Schlachtfeld gewinnen, ehe wir überhaupt verhandeln dürften, damit Frieden sein könnte. Also: Wir sind noch nicht grausam genug im Umgang mit den neuesten Mordgeräten, um am tüchtigsten töten zu können. Töten aber ist unsere Pflicht, so will es der Staat, sonst kann Menschlichkeit auf dieser Erde vermeintlich nicht gedeihen. – Jeder begreift, dass das alles der reine Irrsinn ist. Aber es wird uns jeden Tag genauso beigebracht. Doch jetzt: Dass Menschen so sein sollen, dass sie so sein müssen, dass sie trainiert und erzogen werden zum Töten von Menschen, das hat Jesus nie akzeptiert.

Dem Neuen Testament nach beginnt seine Geburt damit, dass Engel über den Fluren von Bethlehem davon singen, es sei Frieden auf Erden für Menschen, die Gottes Güte glauben können (Lk 2,14). Das ist das Gegenprogramm zu der Idee des Kaisers AUGUSTUS, Frieden komme unter den Tritten römischer Legionäre zustande, Ordnung auf der Welt – das sei römisches Recht in den Besatzungsgebieten römischer Kolonien. AUGUSTUS meinte das ernst. Er baute in Rom einen Altar des Friedens. BENITO MUSSOLINI übrigens hat ihn in seinen Tagen restauriert, um zu zeigen, wie es im Faschismus zugeht. Nur: Es hat nie aufgehört, auf Erden mit genau diesem Denken faschistisch und militaristisch zu sein. Der Gesang der Engel von Bethlehem wird gerade in unseren Tagen damit kommentiert, dass Friedenstauben uns nichts mehr zu sagen haben. Die Engel von Bethlehem haben wir nicht mehr zu hören. Wir haben die Anforderungen der Realität zu befolgen – das wird uns auf allen Kanälen beigebracht.

Ich frage mich oft, wie sehr Jesus gelitten hat an dem, was wir nach wie vor ganz normal finden. Freilich, er hat nicht moralisch dagegen angekämpft. Er hat nicht gesagt: „Jetzt dürft ihr das nicht weiter so machen. Ich verbiete euch, so zu sein.“ Er ist hinabgetaucht in unsere Abgründe und hat gefunden: Es liegt an einem Moment, an dem alle Menschen leiden. Das ist Angst.

Ein Moment der Angst haben wir vorhin schon genannt. Das sind Minderwertigkeitsgefühle und Schamgefühle. Wir sind immer zu wenig, wir sind nie genug, wir sind falsch. Wir sind nicht schön genug, stark genug, groß genug. Im Hintergrund von allem steht die Angst vor Ablehnung. Wir werden nicht geliebt, wir dürfen überhaupt nicht sein, wir sind den anderen zur Last. Es wäre besser, es gäbe uns überhaupt nicht. – Wenn das Leben so empfunden wird, müssen wir uns anstrengen, das Gegenteil zu beweisen; dann müssen wir uns nötig und unentbehrlich machen. Dann müssen wir uns durchsetzen und stark sein. Wir können dann nicht wie eben noch unschuldig sagen: „Wir sind doch stark genug, wir brauchen gar keine Hilfe, wir machen unser Leben schon selbst.“

Wir müssen im Grunde nur so lange Stärke demonstrieren, als wir wissen, wie schwach wir sind. All das sind lauter Konstruktionen der Überkompensation. Daran leiden Menschen bis zum Tödlichen, bis zum wechselseitigen Sich-Totschlagen wie in der Geschichte von Kain und Abel, die wir vorhin kurz erwähnt haben. Da hinein geht die Verwandlung, die Jesus uns bringen möchte. Er führt uns dahin, uns selbst zu finden, in einem Vertrauen, das auch uns befähigt, uns selbst zuzutrauen, dass wir sein dürfen, dass es nicht verkehrt ist, zu existieren, dass wir nicht schon schuldig dafür sind, dass wir sind, sondern dass wir uns selbst akzeptieren dürfen in dem Empfinden, akzeptiert zu sein.

Eine solche Erfahrung verwandelt wirklich alles von Grund auf. Es erspart uns die Neurosen, von denen wir eben noch geschildert haben, wie man sie heilen könnte, wie man die Verzerrungen unserer selbst abarbeiten könnte. Diesem Bemühen ist Jesus nachgegangen, indem er Kranke heilte und die Verwandlung unseres Lebens ermöglichte. Wir dürfen aufhören, uns zu verwünschen. Wir dürfen uns selbst in unserem eigenen Dasein wünschen und akzeptieren. Wir dürfen aufhören, uns zu hassen. Wir können sogar anfangen, uns ein bisschen zu mögen. Wir können den anderen vertrauen, wenn sie uns sagen: „Ich habe dich lieb, ich brauche dich. Ich habe lange gesucht, jemanden wie dich zu finden, und ich bin glücklich, dich gefunden zu haben." Wir können glauben, dass der andere uns mit solchen Worten nicht betrügen will. Wir können denken, dass er es wirklich so meint. Dann dürfen wir ihm dankbar sein, dass er uns das sagt und uns das Vertrauen gibt, dass es stimmen könnte.

Diese Verwandlung wollte Jesus ermöglichen, indem er dem verlorenen Schaf nachging (Lk 15,3–7), indem er demjenigen, der sich verloren gab, wieder aufrichtete, indem er die Aggression, die wir für das Gefühl, abgelehnt zu sein, in die Negation des anderen überführen, aufgelöst hat und dadurch Aggression in Güte verwandelte. *Das* ist die Erlösung der Welt: eine Verwandlung im Ganzen, ein Überwinden oder Überlieben der Angst durch Vertrauen und Güte. Diese Verwandlung ist nicht moralisch zu haben.

Heribert Körlings: Sie ist existenziell.

Eugen Drewermann: Sie ist die Umkehrung unseres ganzen Daseins von Angst in Vertrauen. Sie ist die Umkehrung des Vorzeichens von minus in plus. Eine solche Wandlung von allem ist dringend nötig, sonst würden wir von Jesus überhaupt nichts verstehen.

Partei ergreifen

HERIBERT KÖRLINGS: *Können wir wie Jesus handeln und im Namen Gottes Partei ergreifen? Jesus hat doch so viel Hass abbekommen.*

EUGEN DREWERMANN: Diese Frage beinhaltet zwei richtige Feststellungen. Das eine ist ein Sollens-Anspruch. Das Zweite ist, dass man Angst davor haben mag, wenn man den Anspruch Jesu an sich heranlässt. „Geht hin und tut das Gleiche“ (Lk 10,37), besagt eine Antwort Jesu. Wahr bleibt: Es ist nicht möglich, in Güte zu lernen, wovon man wirklich lebt, ohne das Empfinden zu bekommen, gar nicht mehr anders zu können. Wer sich selbst gefunden hat, würde sich selbst, seine Wahrheit, verraten und verleugnen, wenn er jetzt wieder faule Kompromisse machen würde und sich wieder zugunsten falscher Formen der Anpassung nach außen verleugnete. Wer gelernt hat, wie oberflächlich und albern das ist, nur hinter Anerkennung und Karriere her zu sein, kann da nicht in dieser Art weitermachen mit der Dauerfrage: Wo kann man die Positionen und die Einflusszonen mit der größten Aufmerksamkeit in der Öffentlichkeit finden? Wie kann man an das nötige Geld herankommen? Wie kann man Macht erringen? Wie kann man so lügen, dass man dafür Beifall findet? Wie kann man dem Volk alles Mögliche erzählen, um die nächste Wahl zu gewinnen? Welchen Krieg muss man vom Zaune brechen, damit das Volk bei der nächsten Wahl wieder zusammenrückt und mir als Präsidenten Beifall zollt?

Wenn man das alles ein für alle Mal als Lüge und Selbstverrat durchschaut hat, kann man nicht mehr in den alten Strategien weitermachen. Eben dies ist die Verwandlung, die Jesus mitbringt. Das ist die Verwandlung, die in den sogenannten Seligpreisungen der Bergpredigt enthalten liegt. Jesus wagt zu sagen, was wir unserer Freundin kaum schreiben würden: „Ich nenne glücklich die Menschen, die in dieser Welt noch weinen können – die Gefühle haben, die genug Mitleid mit den Leidenden aufbringen“ (Lk 6,21). Das ist die Grenze, von der an alles sich ändert. – Ich wage Jesu Aussage sogar auszudehnen auf den Umgang mit allen Lebewesen, auch mit den Tieren. Ein Kind, das sieht, wie wir Tiere quälen in dem, was wir die industrialisierte Landwirtschaft und Massentierhaltung nennen, kann doch nur in Tränen ausbrechen. Es spürt: Das haben die Tiere nicht verdient! Das ist nicht ihr Wohlbefinden, wie man behauptet! Das ist lediglich eine Mastzüchtung bis zum Schlachttag. Mehr will man nicht. So aber darf es nicht sein, solange man noch Gefühle hat. Wie wären unsere Debatten etwa im Parlament, wenn wir jemanden hätten, der sagt: Es darf sich nicht mehr wiederholen, was wir gerade erleben! Da versinkt ein Boot mit fast 500 Menschen vor unseren eigenen Augen, nur weil wir unfähig sind, es aufzunehmen. Wir lassen lieber militärisch Frontex, frontières extérieures, heran, damit man mit Weitsichtgeräten feststellt, dass da Flüchtlinge unterwegs sind, die europäischen Boden besser gar nicht betreten. Diese ganze Gefühlskälte muss an der Not von Menschen enden, die nicht wissen, wohin sie gehören. Dann freilich hätten wir sogar politisch ein völlig anderes Programm.

Wie ein solches aussieht, konnte mir mein alter Freund, der Bischof von Évreux, JACQUES GAILLOT, beibringen. Der nahm sich der Sans Papiers an, nachdem man ihn als Bischof von Évreux abgesetzt hatte. Das sind die Leute, die keine Asylgenehmigung bekommen, weil sie keine richtigen Papiere haben. Meistens sind es Flüchtlinge aus Afrika, aus dem frankofonen Afrika, besonders aus Algerien, aus Gebieten, die Frankreich als die Grande Nation am meisten verwüstet hat. Bei denen saß er in der Rue de Dragon. Jetzt, nach seinem Tod, habe ich überhaupt erst erfahren, dass er für sein Engagement vor Gericht geholt wurde. Man fragte ihn: „Was haben Sie da gemacht? Haben Sie denen gepredigt?“ Man wollte ihm sagen, was für ein Idiot er eigentlich sei, sich um dieses Volk in der Banlieue von Paris zu kümmern. Er aber antwortete: „Nicht ich habe denen gepredigt, sondern die mir. Sie haben mir erzählt von ihrer Heimatlosigkeit, von ihrer Verzweiflung, von ihrer Suche nach einer Stätte, wo sie zugelassen würden, um leben zu dürfen. Von ihrer Geduld, die Härte der Beamten und Ämter zu verstehen, auf die sie gestoßen sind. Von ihrem Bemühen, Menschen zu suchen, die ihre Hände und ihr Herz für sie öffnen. Sie haben mir von Gott erzählt. Sie haben mir gepredigt und vielleicht jetzt auch euch, ihr Herren Richter.“ Das ist die Verwandlung, die Jesus vorschwebte. Sie ist und war für ihn lebensgefährlich und für jeden, der so zu leben versucht.

Das ist dann auch das unglaubliche Ende der sogenannten Seligpreisungen. Es lautet: „Wenn sie alles Böse über euch sagen, wenn sie euch verfolgen meinetwegen, an dem Tage jauchzt und frohlockt, denn das haben sie mit den Propheten vor euch ganz genauso gemacht“ (Mt 5,11). Das ist dennoch kein Grund, etwas Richtiges zu meiden. Das ist im Gegenteil ein Beweis dafür, dass ihr es endlich richtig macht. Ihr müsst einer Welt, die glaubt, im Recht zu sein, während sie sich aufführt wie ein unentrinnbares Irrenhaus, an jeder

Stelle zugunsten der Vermenschlichung widersprechen und ihr entgegenhandeln. Ihr müsst Nein sagen und den Wagemut aufbringen, euch bis zum Äußersten zu weigern mitzumachen. Ihr müsst die Normalität, die man euch aufzuzwingen droht, ablehnen, indem ihr sie für unmenschlich erklärt. Ihr müsst die Gegenwelt, die ihr bei mir kennengelernt habt, fortan weitergeben. Dann ist es euer eigenes Leben, das dabei gerettet wird. Es seid ihr selbst, die dabei zu sich finden und zu dem, wofür sie wesentlich berufen sind. Das dürft ihr den anderen nicht länger verweigern, wenn ihr es gefunden habt.

Was immer man dann mit euch macht, ist nicht die Widerlegung dessen, was ihr wollt, sondern die Bestätigung, dass ihr endlich auf dem rechten Wege seid. Ich drücke es einmal aus mit den Worten meines Freundes Søren Kierkegaard: „Wenn sie kommen und euch sagen, den Mann kann man nur bejubeln, dem soll man den Dannebrogorden verleihen – das war in Dänemark um 1840 so viel wie das Bundesverdienstkreuz oder in militärischen Kreisen das Eiserne Kreuz Erster Klasse –, den soll man ihm geben, dann, mein Freund, kannst du sicher sein, wenn man dir einen solchen Orden für die Art, wie du Christus verkündest, geben will, dass du alles falsch machst. Hingegen, wenn sie sagen, den Kerl soll man anspucken, den soll man doch wohin treten, den muss man meiden, den darf man nicht auftreten lassen, von dem dürfen wir höchstens etwas schreiben, wenn es negativ ist, dem schneidet die Zunge heraus, dass er mit seiner Irrlehre nicht weiterredet, den müssen wir kreuzigen – dann darfst du denken, dass du Christus wahrscheinlich so verkündest, wie er wirklich sich selbst verkündet sehen mochte. Und zwischen beiden Formen deines Auftretens musst du wählen."

An dieser Stelle müssen wir unserem besagten Schüler bedeuten, dass er wissen muss, wofür er sich entscheidet. Das ist die alles entscheidende Frage seiner persönlichen Wahrheit.

Ich gebe den Kernpunkt einmal wieder mit Leuten, die in meinen Augen Christus wirklich gut begriffen haben. Mahatma Gandhi war so jemand. – Wir haben eben noch gefragt, was denn Gott sei, und wir haben gesagt, nach Carl Gustav Jung, er sei das Zentrum der tiefsten oder dichtesten psychischen Energie. Gandhi meinte, die Religionen stritten sich über alles Mögliche, was Gott sein könnte. Gott ist die Liebe, sagen sie. Aber auch da gibt es viele Begriffe, wie man Liebe verstehen oder missverstehen kann. Gandhi nannte Gott die Wahrheit. Er wollte simpel sagen, wer aufhört, sich und andere zu belügen, wandelt auf einem guten, geraden Weg zu Gott. Die Folgen dieser Einstellung sind mit Händen zu greifen. Wir nennen nicht mehr das Töten von Menschen das Retten von Menschen. Wir nennen nicht mehr einen Krieg einen Weg zum Frieden. Wir nennen nie mehr den Betrug von Bankkunden und Aktionären eine Art der Geschäftsform zum Geldgewinnen. Wir nennen nicht mehr die Ausbeutung und Versklavung von Menschen eine Wohltat in der Verbreitung des Christentums. Wir nennen nicht mehr den glatten Atheismus, den wir im Abendland praktizieren, eine fromme Religionsform. Wir hören auf, den Kapitalismus als Religion zu begreifen. Wir sagen ehrlich: Er ist nichts weiter als elender Götzendienst. Wir lernen, das, was wir ehrlich als Wahrheit erkennen, unverfälscht anderen mitzuteilen.

Dann konnte GANDHI, was die Religionen angeht, sagen: „Ich bin Christ, Muslim und Hindu. Gott hat seine Wahrheit in den Schriften auch der fremden Religionen mitgeteilt, und läsen wir sie mit den Augen eines Gläubigen, so würden wir verstehen, dass Gott im Herzen eines jeden Menschen das zu seiner Zeit sagt, was er zum Leben braucht; an jedem Ort, in jeder Kultur." Für diese Worte wurde MAHATMA GANDHI getötet. Ein Hindu, der wollte, dass mit Muslimen Frieden eintrete, der keinen exklusiven Hindustaat einrichten wollte, sondern einen gemeinsamen Staat zwischen Hindus und Muslimen – das bedeutete sein Todesurteil. GANDHI ahnte das und hat dagegen angekämpft. Was er aber nicht wissen konnte, war, dass die Feindschaft von Hindus und Muslimen im Plan der Alt-Kolonialmacht Großbritannien lag. WINSTON CHURCHILL fürchtete, dass Indien im GANDHIschen Pazifismus zu schwach sei, dem Kommunismus zu widerstehen. Dann war in seinen Augen die Ausdehnung des Sowjetimperiums bis zum Indischen Ozean zu befürchten.

Man brauchte also einen Sperrriegel zwischen Sowjet-Russland und dem Indo-Pazifik. Das Beste wäre, meinte CHURCHILL, man könnte nördlich von Indien einen Muslimstaat einrichten als Sperre gegenüber dem Sowjetimperium. Einen Staat Pakistan müsste man gründen. Das war das Programm. Deswegen hatte GANDHI mit seinem Friedensprogramm keinerlei Chance. Die Muslime wanderten mit dem Versprechen, einen eigenen Staat bilden zu können, zu Millionen aus dem indischen Hindustaat aus. Hunderttausende kamen dabei um. Und der indische Staat wurde gespalten, damit sich die Macht Großbritanniens und der USA im Kampf gegen das Sowjetimperium weiter unter vielen Millionen Opfern durchsetzen konnte. Wie das weiterging, muss ich geschichtlich an dieser Stelle nicht mehr ausführen.

Doch nehmen wir noch einen anderen, der wusste, wovon er redete, wenn er Jesus auf den Lippen führte: Martin Luther King. Er war 1964 lediglich dagegen, dass man den Vietnamkrieg, im Grunde einen reinen Kolonialkrieg, als einen Freiheitskampf gegen den Kommunismus bezeichnete, bei dem vor allem die Afroamerikaner ums Leben kamen. Sie waren nichts als Kanonenfutter. Mit dieser Ansicht wurde Martin Luther King gefährlich. Die CIA machte ihn zum Objekt ihrer Bespitzelung, und schließlich wurde er ermordet. We shall overcome? Niemals. Das war in Kürze das kurze Leben von Martin Luther King. Doch er hatte keine Angst davor. Er wusste, dass er das tun musste, was er tat. Nicht, weil er selbst ein Schwarzer war, nicht weil er den Schwarzen endlich Freiheit gönnte, sondern weil es das Recht und die Pflicht eines jeden Menschen ist, in der Wahrheit, die er kennt, in dem, was menschlich ist, geradezustehen für sich und damit für alle Menschen.

Das gilt selbstredend für alle, die unter den gleichen Ungerechtigkeiten und Verformungen der Geschichte leiden, am allermeisten aber unter den Lügen, die die ärgsten Grausamkeiten am Ende noch eine Wohltat nennen. Dann kann man Jesus zitieren, wenn er sagt: „Auf den Thronen der Mächtigen sitzen die Regierenden und willküren herab auf ihre Untertanen, und sie lassen sich dafür noch Wohltäter nennen. Bei euch nicht so. Wer bei euch groß sein will, der richte sich nach dem, der am tiefsten am Boden liegt, und frage sich, wie er ihn aufrichten kann" (Mk 10,42–44).

Hilfsbereitschaft gegenüber den Erniedrigten ist die einzige Größe unter Menschen, die es nach Jesu Meinung gibt. Alles andere ist eine bloße Einbildung von Größe, die verächtlich ist.

Diese Auffassung müssten wir jetzt einmal zurückmelden. Da existiert eine Größe, die darin besteht, dass die NATO-Staaten über Atombomben verfügen. Wir haben seit vielen Jahren mehr ausgegeben für das Militär als der ganze Rest der Welt. Wir, die USA und die NATO, sind die Stärksten, weil wir alles haben, was man braucht, um Menschen zu töten. Alles: Tarnkappenbomber, Atombombenträger, U-Boote. Raketen, die aus dem Weltall starten können, Drohnen – die ganze künstliche Intelligenz. Wir haben alles, was wir zum Zerstören brauchen. Jetzt aber: Wir nennen Leute, die so denken und handeln, nicht länger groß, sondern kindisch, verächtlich und verlogen. Das *müssen* wir sagen im Sinne Jesu. Wie wir damit ankommen bei den Herrschenden, ist nicht die Frage, sondern ob wir uns treu bleiben.

Für die Schüler formuliere ich es jetzt direkt: Ihr seid jetzt gerade 18 Jahre alt, und ich kann euch nur ermutigen, lasst euch nicht einreden, euer Engagement für den Frieden beruhe auf pubertären Phantasmen, bloß weil ihr die Realität noch nicht kennen würdet. Gewiss, das wird man euch beibringen wollen. Man schickt inzwischen Jugendoffiziere in die Schulen, Jugendoffiziere, die euch beibringen sollen, wie man denken muss, damit wir in Freiheit und Macht im Kampf gegen Russland und China Bestand haben könnten. Man wird euch in dieser Weise beibringen, was Realität ist, was Verantwortung ist, wie sich Außenpolitik zu gestalten hat. Doch dagegen gilt: Hört auf euch selbst. Dann wisst ihr, dass die ORWELLsche Warnung ausreicht, um nicht wieder in die Welt der Täuschungen zurückzukehren. Lasst sie euch nicht vormachen. Krieg ist nicht Frieden, Lüge ist nicht Wahrheit, Hunde sind keine Katzen, und das Töten von Menschen ist nicht das Retten von Menschen.

Die kindliche Güte leben

Bleibt also gerade bei dem, was man euch als pubertären Idealismus austreiben will. Ich kann es auch mit ERICH KÄSTNER sagen: „Wer, wenn er erwachsen wird, aufhört, das Kind zu bleiben, das er einmal war, hört auf, ein Mensch zu sein." ALBERT SCHWEITZER, den ich in eurem Alter persönlich sehr verehrt habe, konnte einmal sagen: „Man lernt, ein Mensch zu werden, wenn man die Wahrheit beibehält, die man geahnt und gewusst hat, als man ein Kind war."

Die Welt, die wir Erwachsenen heute unseren Kindern vorstellen, kann nicht die Welt sein, die Kinder aus den Händen von uns Erwachsenen erwarten. Aus dem Munde Jesu heißt es einmal: „Wenn ihr es nicht lernt, wieder zu werden wie die Kinder, könnt ihr Gott nie begreifen. Ihr kommt nicht ins Himmelreich" (Mt 18,3). Das ist völlig richtig. Ein Kind hat Mitleid mit den Tieren. Ein Kind hat Mitleid mit allem, was Schmerz erleidet. Ein Kind läuft in die schützenden Arme seiner Mutter, wenn irgendetwas feindselig ist. Das alles ist normal. Daran muss man anknüpfen, um zu verstehen, was manche Märchen und Legenden, die wir den Kindern erzählen, an Wahrheit vermitteln. – Könnt ihr euch noch erinnern?

Man hat euch wahrscheinlich kurz vor Weihnachten früher einmal erzählt, wie man richtig leben sollte. Da gab es jemanden, nach dem sich der jetzige Papst benannt hat: FRANZISKUS. Der lebte ungefähr um 1200. Von ihm erzählt man eine Legende, aber ihr wisst: Legenden können wahr sein. Also: Es war in Gubbio in Italien in den Averner Bergen. Der Schnee fiel im Winter so hoch, dass man kaum wusste, wovon man sich ernähren sollte. Da war auch ein Wolf, der ebenso Hunger litt wie die Menschen. Er brach in die Herden der Hirten ein und raubte Schafe. Die Männer zogen mit Dreschflegeln und Sensen aus, um den Wolf zu töten. Da ging ihnen Franziskus durch den Schnee barfuß voraus, auf den Wolf zu, auf die mörderische Bestie, die sie alle fürchteten und bekämpfen wollten. Er ging auf ihn zu, er umarmte den Wolf und redete ihn an: „Bruder Wolf, nur aus Hunger hast du das getan." Die Leute in Gubbio forderte er auf, die Sensen und Dreschflegel wegzutun und den Wolf zu ernähren, aus ihm also gewissermaßen einen Schäferhund in den Straßen von Gubbio zu machen. Im Grunde ist das wie ein Szenenbild für den Bettelorden, der später daraus entstanden ist: Jeder Mensch lebt von der Güte anderer und man darf die Bettler, die dabei sind zu verhungern, nicht wegschicken. So sind die Kinder Gottes. So sind die Heiligen, so sind unsere Vorbilder. So sind diejenigen, die begriffen haben, was Jesus wollte. – Eine solche Geschichte erzählen wir den Vierzehnjährigen. Den Achtzehnjährigen aber bringen unsere Bundeswehroffiziere bei, wie man ein richtiger Mann wird, wie man den ganzen Spuk von Mitleid und Rührung, die ganze Phantasmagorie vom heiligen Franziskus aufgibt. Auf Wölfe zu schießen, *das* müssen wir lernen. Auf Feinde zu schießen, das ist Pflicht! Hier ist das Gewehr, das MG, die Highspeed-Gun. Lerne, wie man richtig zielt und wie man in zwei Kilometer Entfernung den Körper eines Gegners zerfetzt. Das müsst ihr können, das müsst ihr lernen. Das ist euer Auftrag, das ist die bürgertreue Verbindlichkeit des Patriotismus, für eure Freiheit zu kämpfen. Schwächlinge können wir da nicht brauchen. Leute, die noch Skrupel haben, Menschen zu töten, haben wir nur noch nicht richtig erzogen. Keine Sorge, wir bringen es euch schon noch bei. Wenn wir sagen, dass ihr diesen Hügel erobern und alle darauf umbringen sollt, dann werdet ihr das tun. Es gilt jetzt nicht mehr, was der Pfaff euch gesagt hat, oder was der Papa euch beibringen wollte, oder was eure Mutter gesagt hat, als sie euch Weichlinge erzogen hat. Jetzt gilt, was der Drill Sergeant euch in die Ohren krakeelt. Gehorsam! Das habt ihr geschworen.

Das bringen wir den Achtzehnjährigen in der politischen Realität der Zeitenwende bei, und wir sind nach dem Streben von Militärminister Boris Pistorius gerade dabei, die Wehrpflicht wieder einzuführen. Wir haben nämlich zu wenig Rekruten.

Helmut Schmidt hat einmal gesagt, als wir die Wehrpflicht 2001 unter Karl-Theodor zu Guttenberg abgeschafft haben, dass Soldat kein Beruf sein könne. Er wollte sagen, Soldat sein sei eine verdammte Pflicht. Da hätte ich Helmut Schmidt gerne gesagt: „Eben diese Pflicht müssen wir beseitigen. Die dürfen wir keinem auferlegen, und das sollten Sie selbst am besten wissen. Das war der Grund, weswegen Sie zum Atheismus kamen. Das haben Sie selbst erläutert in einer Fernsehsendung im Gespräch mit Jacques Chirac." Jacques Chirac fragte damals, warum Helmut Schmidt denn Atheist sei, er selber sei katholischer Christ. Schmidt entgegnete: „Das kann ich dir erklären. 1941 Ostfront. Der Militärpfarrer kam am Nachmittag und sagte, dass Gott den Krieg, auch diesen, in seinen Händen halte. Eine Nacht lang hat mich das getröstet. Am anderen Morgen wusste ich, dass er unrecht hat."

Dazu möchte ich sagen: „Helmut, ich hätte erwarten können, dass du gesagt hättest: ‚Gott hat gar keinen Krieg in seinen Händen und diesen, den wir gegen Russland führen, am allerwenigsten. Ich bin ab sofort kein Soldat mehr. Ich diene jetzt Gott, indem ich mich verweigere.' Das hätte dich gewiss das Leben kosten können. Aber es wäre genau das gewesen, wonach wir gerade fragen: Wie viel mag es kosten, wenn wir Jesus nachfolgen? Du hast genau gewusst, dass Gott keinen Krieg duldet; wenn Gott existiert, kann man keinem Krieg dienen. Wieso soll Gott nicht existieren? Bloß, damit du weiter im Krieg auf Moskau marschieren kannst? Das ist unlogisch. Einfach so weiterzumachen, ist keine Bestätigung für das, was verkehrt ist. Wenn du schon wusstest, dass Gott keinen Krieg in seinen Händen hält, hättest du sagen sollen, dass du überhaupt keinen Krieg willst. Die Verweigerung des Kriegsdienstes ist meine Art des Gottesgehorsams. Aber zu sagen, es gäbe keinen Gott, nur weil der Pfaff gelogen hat, ist ein Selbstbetrug, der nur dazu verhilft, Staatstreue an die Stelle Gottes zu setzen."

Heribert Körlings: *Gibt es richtigen und falschen Glauben?*

Eugen Drewermann: Ich mache es noch einmal an einem Beispiel aus den Seligpreisungen fest, und dann später auch am Leben Jesu selber.

Man macht sich zu wenig klar, dass die Zeit, in der Jesus auftrat, genauso verworren war wie heute. Die Frage für ihn als einen frommen Juden stellte sich damals, wie man die Zusage Gottes interpretiert, dass er seinem Volk ein Land versprochen hat, das Heilige Land Israel. Das war, als Jesus zur Welt kam, jahrzehntelang schon von den Römern besetzt. Pompeius hatte 64 vor Christus im Machtkampf mit Caesar den syrischen Reststaat nach Süden hin zur römischen Provinz Syrien ausgedehnt. Er hatte für die Römer das ganze Gebiet annektiert, das wir heute Palästina nebst Israel nennen. Was also war zu tun? Nach dem babylonischen Exil im fünften Jahrhundert unter der Herrschaft der Perser kamen die verschleppten Juden zurück aus Babylon nach Jerusalem. Man machte sich bei dem, was wir heute die Bibel nennen und was damals von Schriftgelehrten im Exil redigiert wurde, einen Traum zu eigen: Gott war im Kampf gegen die Babylonier schwach erschienen, aber das war natürlich nicht seine wirkliche Wesenheit. Er wird, glaubten die Schriftgelehrten, seine Stärke erweisen, indem er Israel wieder groß macht. Das war bei David so, und jetzt wird ein zweiter David kommen, den wir den Messias nennen. Wenn der kommt, wird er den Stößel in die Hand nehmen und die Römer im Mörser zerschmettern. Aber dafür müssen wir selbst etwas tun, dachten in den Tagen Jesu die Freischärler oder Terroristen in den Augen der Römer in den Bergen Galiläas. Wir müssen den heiligen Boden Israels freikämpfen gegen die Heiden. Die Römer machen ihn schon mit ihren Füßen unrein. Wenn wir ihnen auch nur die Hand geben, werden wir selbst kultisch unrein. Wir versündigen uns durch jeden Kontakt mit ihnen. Wir müssen, damit der Messias Israels kommen kann, als Allererstes den Boden Israels von den Heiden säubern. Dabei dürfen wir uns den römischen Legionären niemals in offener Feldschlacht stellen. Wir können aber ihre Nachhut überfallen und unsere Geländekenntnis beim Rückzug ausnutzen. Wir können dem Riesen jede Zehe einzeln abhacken. Dann kann er nicht mehr laufen, und er wird sich von alleine aus dem Lande schleppen. Dolchmänner nannte man die Leute, die so waren, Guerilleros würden wir heute sagen, Widerstandskämpfer, Freiheitskämpfer, Leute, die sich gegen die Übermacht Roms zur Wehr setzten. Eigentlich müssten wir denen Waffen liefern, würden wir heute sagen.

Genau dieses Szenario hatte Jesus damals vor Augen. Nun aber spricht er in den Seligpreisungen: „Glücklich sind die Menschen, die wehrlos bleiben, die gewaltlos bleiben. Sie werden das Land besitzen" (Mt 5,5). Ich habe mich lange gefragt, was er mit „dem Land" meint, bis ich darauf kam, dass er genau das meint: Das sogenannte Heilige Land werden einzig die Gewaltfreien besitzen. Alle anderen verderben es. Diejenigen, die Blut vergießen, werden kein Land erben, wie Kain es nach der Ermordung seines Bruders Abel erleben musste. Da öffnete die Erde ihren Mund und schrie zu Gott des Blutes wegen, das vergossen wurde (Gen 4,11). Da ist kein heiliges Land mehr. Da ist ein Niemandsland von Aggressoren und von Mördern. Das ist das Ende jedes heiligen Landes. – Martin Buber konnte einmal erzählen: Ein Zaddik, ein jüdischer Frommer, ein Heiliger, kommt ins Land. Es war eine Geschichte, die er eigentlich der Gründung des Staates Israels entgegenhalten wollte: Wir können keinen Staat aufmachen wie alle anderen Staaten. Wir können einen heiligen Boden nur betreten und einen Staat Israel gründen, indem wir zeigen, wie man mit den Menschen umgeht, die da leben, wie wir mit den Arabern, den Palästinensern, mit den Kindern Abrahams aus der Hagar, unseren Brüdern, umgehen. Das ist die einzige Art, wie man in ein heiliges Land zurückkehren kann, das Gott uns gegeben hat. Alles andere wäre ein Selbstverrat. Für diese seine Ansicht hat man Buber in Israel weitgehend abgelehnt und selbst diese Texte auf Deutsch kaum gedruckt. Doch genau das ist es, was Jesus sagt, indem er später noch hinzufügt: „Glücklich, die Frieden stiften. Sie nennt man Söhne Gottes“ (Mt 5,9). Wir können den größten Titel gewinnen, den wir für Jesus selbst verwenden, Sohn Gottes, wenn wir konsequent privat wie politisch für Frieden eintreten.

Verstehen und Begleiten

Wie also wandelt Jesus unser Weltbild um? Wie werden wir wie er? Antwortet: Durch Friedenstiften, durch Versöhnung, Verstehen, Güte, Entgegengehen und Begleiten – durch alles, wovon wir bisher geredet haben. Nun aber stellt sich für viele eine Kernfrage. Es gibt in der Bergpredigt eine Reihe von Anweisungen wie die, jemandem, der uns auf die rechte Wange schlägt, auch die andere hinzuhalten. – Wie Jesus das meinte, zeigt sich, indem er historisch oder legendär beim sogenannten Einzug in Jerusalem alles auf eine Karte setzte. Das werden am Palmsonntag alle, die mit der Kirche noch etwas zu tun haben, wohl schon erlebt haben: Reitend auf einem Esel zieht Jesus in Jerusalem ein, und man läuft ihm entgegen. Man streut ihm Palmzweige auf den Weg, breitet Kleider vor ihm aus und jubelt ihm zu: „Hosianna, der kommt im Namen des Herrn“ (Mt 21,9). Man verehrt ihn als den zweiten David, der wiedergekommen sein soll, die Römer zu verjagen. – Ich habe mich damals immer wieder gefragt, wenn ich das hörte, wie das denn sein kann: Palmsonntag der Jubel und dann fünf Tage später ist Karfreitag. Da fragt PILATUS die Leute: „Was soll ich machen? Hier steht ein Widerstandskrieger, genannt BARABBAS. Ein Mörder, mein Feind." Eigentlich militärisch ein Guerillero. Und die Leute schreien: „Den wollen wir. Wir wollen den BARABBAS" (Mt 27,21). „Was mache ich mit dem anderen?", fragt PILATUS. „Ans Kreuz mit ihm!" (Joh 19,25), antwortet die Menge.

Wie kann eine solch vollkommene Veränderung von Hosianna zu „Kreuzige ihn" erklärbar sein?

In Wahrheit hat es gar nicht anders kommen können. Man hat Jesus als den zweiten David verehrt. Da also kommt endlich derjenige, der den Römern zeigt, was der Gott Israels vermag. Die Römer sitzen in der Burg Antonia. Aber wenn Jesus als zweiter DAVID jetzt loslegen wird, wenn er den ganzen Volkszorn gegen die Besatzer richtet, wenn er endlich die Freiheit Gottes militärisch gegen die Unterdrücker richtet, wenn er entschieden genug draufschlägt und mit den Schwertern die Richtigen ermordet, dann geht die ersehnte Verheißung Gottes in Erfüllung. Dann erleben wir endlich die Größe Israels, den Beistand Gottes, an den wir geglaubt haben. Jetzt geht es los. Dann aber demonstriert Jesus genau das Gegenteil: Er reitet nicht auf einem Schlachtross in Jerusalem ein, er verkündet nicht den heiligen Krieg. Er zitiert im Gegenteil etwas, das im Buch SACHARJA, im neunten Kapitel, steht: „Wenn jemand wirklich käme von Gott, würde er auf einem Esel reitend einziehen" (Sach 9,9). Das ist ein völlig unschuldiges Tier, mit dem man keinen Krieg bestehen kann. Und jetzt: Der Gottesgesandte bei SACHARJA würde als allererste Maßnahme die Streitwagen verbrennen und die Bogen zerbrechen. Er würde einseitig abrüsten, schockähnlich für die bestehenden politischen Gepflogenheiten. Es breitet sich eine Versöhnungswelle aus. Die Nachbarstaaten, Efraim zum Beispiel, würden sich nicht mehr bedroht fühlen, sondern sie würden auch abrüsten. Endlich hätten wir einen Weg zum Frieden, der nicht in der Demonstration von Angst und Stärke besteht, von Aggression und Gegenaggression, sondern wie Jesus sagt: „Glücklich nenne ich die Leute, die ihre Schwachheit anerkennen und sie nicht überkompensieren, die dazu stehen, ohne Angst." Diese Haltung überträgt er jetzt in voller Konsequenz ins Politische. Er zitiert dabei den Propheten MALEACHI und führt seine Worte beim Einzug in Jerusalem auf. Das also war seine Botschaft, in der Hoffnung, man werde es in der Heiligen Stadt verstehen. Die Entscheidung wird uns bis heute abverlangt: „Wen wollt ihr?" Wollen wir immer weiter schreien: „Wir wollen den Barabbas"?

Heribert Körlings: *Wie sähe die Welt ohne den christlichen Glauben aus?*

Eugen Drewermann: In der Friedfertigkeit Jesu liegt unsere einzige Hoffnung. Denn wo gäbe es einen Ort, an dem man uns als den Schwachen sonst sagt, dass wir leben dürfen? Aus den Worten Jesu hören wir sagen: „Ich umarme dich in deiner Hilfsbedürftigkeit. Ich verstehe dich in den Verzweiflungsformen deiner Schuld gegenüber, die du auf dich geladen hast. Doch ich komme zu dir in das Gefängnis, in dem du dich selber eingeschlossen hast. Ich will nicht mehr, dass man dich einsperrt, im Ausschluss von allen anderen. Ich komme dir entgegen, wenn du auf der Suche bist nach einem Ort, an dem du wohnen könntest." Wo, frage ich, findet man einen Gott, der so zu uns redet, außer im Munde Jesu? Wo immer man Worte wie diese sonst hört, ist es auf dem Wege zu der Botschaft Jesu oder in der Konsequenz davon. Es geht in diesem Fall um eine Asylstätte, an der man Menschen so leben lässt, wie sie sind, in der man ihnen dabei hilft, jene Wahrheit zu finden, die in ihnen Gültigkeit hätte, statt sich selbst immer wieder zu betrügen und sich etwas vorzumachen. Eine solche Unaufrichtigkeit besteht ja nicht nur den anderen gegenüber. Auch wir selbst schämen uns, wenn wir entdecken, was wir in Wahrheit sind und was wir stattdessen daraus gemacht haben. Mein Gott, wie konnte ich nur? Da schauen wir nicht gern in den Spiegel.

Eine Kirche im Sinne Jesu

Heribert Körlings: *Ist der zunehmende Bedeutungsverlust der Kirche von Gott gewollt?*

Eugen Drewermann: Bei der Interpretation der menschlichen Geschichte, ob Kirche oder Staat, habe ich mich noch nie getraut, so zu sprechen wie die Bibel oder wie die Propheten im Alten Testament, die vermeintlich gewusst haben, dass Gott dies und das so, wie es kam, eingerichtet hätte.

Heribert Körlings: Das Zweite Vatikanische Konzil hat betont: Die Kirche ist ein Werkzeug. Sie ist nicht selbst das Reich Gottes, sondern im besten Sinne des Wortes eine Serviceanstalt, so wie Jesus auch gedient hat.

Eugen Drewermann: Man kann diese sogenannte unsichtbare Kirche bei all denen finden, die handeln, wie Jesus in vergleichbaren Situationen gehandelt hätte oder mit Sicherheit handeln würde. Es gibt viele Vorläufer Jesu aus den Jahrhunderten, die wir als vorchristlich in die Geschichte eingeführt haben. Es gibt diese unsichtbare Kirche ganz sicher sogar bei Leuten, die von Jesus formal kaum etwas gewusst haben. Sie haben unbeirrt von allen Widerständen wie Jesus selber Menschlichkeit gelebt. Karl Rahner hat deshalb von anonymen Christen gesprochen, die man nicht als solche benennt und die auch von sich selber nicht wissen, dass sie diesen Namen verdienen. Sie haben sich aber wie Jesus mit dem Tod, mit der Angst, mit den Widersprüchen der öffentlichen Austreibung und mit der Verleumdung durch die Menge auseinandergesetzt, und sie haben sich durchgehalten in ihrer Menschlichkeit, die sie als Wahrheit erlebt haben. Überall in solchen Persönlichkeiten treffen wir Kirche an.

Was wir demgegenüber heute Kirche nennen, ist eine Organisationsform in vielen Widersprüchen bis ins Konfessionelle hinein. Wie viele Kirchen haben wir mit christlicher Denomination? Alle stehen sie in Widerspruch und in Konkurrenz zueinander. Kann man das Christentum, kann man den Glauben überhaupt organisieren? Schon das ist eine Frage. Kann man erwarten, dass man etwa auf einer Messe der Religionen, zu der auch die verschiedenen Konfessionen eingeladen sind, Jesus wiederfindet? Eines steht fest: Jesus hat keine Kirche gegründet: Er hat Menschen eingeladen und es dann den Händen seines Vaters überlassen, was daraus werden würde. Mit ebendiesem Vertrauen sollten auch wir weiterleben.

Heribert Körlings: In dem Moment, wo wir in dieser Kontinuität handeln, ist Kirche da. Da ist nicht mehr die Frage, ob Jesus sie gegründet oder gewollt hat. Er wollte eine Gemeinschaft dazu anstiften, vor Gott menschlich miteinander zu leben und das weiterzugeben.

Eugen Drewermann: Ganz genau. Er hat noch nicht einmal für nötig gefunden, aufzuschreiben, was er als Vermächtnis, als Erbe, der Menschheit hätte hinterlassen mögen. Was würde er den Theologen erspart haben, hätte Jesus an einem Nachmittag wenigstens die Bergpredigt aufgeschrieben, sodass wir sie authentisch auf dem Papyrus aus seiner Hand auf dem Tisch liegen hätten? Jetzt haben wir ganze Bibliotheken voll von Hypothesen, was er an dieser oder jener Stelle vielleicht gesagt hätte, und so weiter.

Heribert Körlings: Kirche ist da, wo wir im Sinne Jesu reden und handeln.

Eugen Drewermann: Genau. Jesus hat gemeint, dass alles, was geschrieben wird, nichts weiter ist als die Asche aus der Glut, aber dass alle Glut sich weiter zeugt durch ihre eigene Entzündungstemperatur, durch die Liebe, die sie vermittelt. Das war seine Hoffnung.

Kapitel 3

Die Liebe und der Tod

Die Auferstehung Jesu

HERIBERT KÖRLINGS: *Ist die Liebe ein Beleg für das Leben nach dem Tod?*

EUGEN DREWERMANN: Machen wir es konkret. In der Passionsgeschichte ist Maria von Magdala die Frau, die am Karfreitag, als Jesus am Kreuz starb, erleben musste, dass das, was ihr Leben war, ermordet werden konnte, auf dass die Gewalt sich wieder durchsetzen sollte. Man musste einen Mann wie Jesus ausschalten und unschädlich machen, man musste sogar sein Grab noch versiegeln. Er darf nicht gesagt haben, was er gesagt hat. Selbst seine Heilungen waren Lügen, sie waren Teufelsdienst. Im Grunde, erklärt man, hat er Kranke geheilt einzig mit Hilfe und im Auftrag des BAALZEBUL (Mk 3,22). So muss man das verstehen: Jesus hat Gott verleumdet, er hat Moses verlogen. Er war ein Ketzer. Also: Wir haben recht getan, als wir ihn gekreuzigt haben. Verflucht ist, was am Holze hängt. Das steht doch in der Bibel (Gal 3,13, nach Dtn 21,23). Wir haben recht. Wir mussten ihm widersprechen. – Für Maria von Magdala kehrt am Karfreitag alles wieder, wovon Jesus sie befreite, als er sieben Dämonen aus ihr ausgetrieben hatte (Lk 8,2). Jetzt klopfen die Dämonen wieder an die Fensterscheiben und die Türen ihrer Seele. Alles bricht wieder herein.

Doch gerade Maria Magdalena, sie und keine andere, ist die Frau, die am Ostermorgen im geöffneten Grabe Jesu zwei Engel findet, die ihr sagen: „Frau, warum weinst du?" (Joh 20,13).

HERIBERT KÖRLINGS: Dann begegnet ihr Jesus und sagt: „Maria" (Joh 20,16). Er nennt ihren Namen, ihre Identität. Sie kann glauben, dass Jesus auferstanden ist.

EUGEN DREWERMANN: Ganz genau. Die ihn töteten, haben nur bewiesen, dass sie der Tod sind. Sie haben ihre Verlogenheit bis zum Extrem offenbart. Aber ich, Maria, gewinne im Rückblick auf Jesus, der mir jetzt erscheint als meine eigentliche Zukunft, die Kraft, ihre Lüge nie mehr zu akzeptieren.

HERIBERT KÖRLINGS: Und nach Galiläa zurückzukehren.

Eugen Drewermann: So steht es im Matthäusevangelium. Da sagt der Engel am Grabe den Frauen: „Geht nach Galiläa. Dort wird er euch voraus sein" (Mt 28,7). Und dann heißt es unglaublich schön: „Und als sie unterwegs waren, kam Jesus ihnen entgegen" (Mt 28,9). Ich wüsste für das, was wir Christsein nennen, überhaupt kein besseres Bild. Da hat Jesus an den Ufern des Sees von Genezareth all die Dinge gesagt, die wir uns ansatzweise ein bisschen bewusst zu machen versucht haben, Dinge, die die Welt verändern und verwandeln können und müssen, Dinge, die uns eine ganz neue Grundlage für unser Selbstverständnis geben, die uns den Raum unserer Wahrheit eröffnen, sodass wir deutlich spüren, wie wirklich zu leben wäre. Und jetzt, in unserem ganzen Leben, gehen wir darauf zu. Wir können davon nicht als von etwas Fertigem ausgehen. Wir haben keine Ideologie im Hintergrund, mit der wir jetzt, wie es in den Zeiten des Kolonialismus und der Heidenmission war, fremde Länder besetzen und fremde Kulturen zerstören könnten, um dann als Begleiter der Konquistadoren beim Suchen nach Gold und Edelsteinen auch noch das Christentum zu vermitteln. Wir können auf das, was Jesus ist, nur zugehen. Wir glauben an ihn. Wir haben ihn nicht im Rücken. Wir können nicht sagen: „Da steht er hinter uns gegen euch. Wir haben ihn als Prinzip und Dogma. Wir haben ihn als feste Panzerung und als Erlaubnis, mit der Welt zu machen, was wir wollen, denn wir sollen ja die Heiden bekehren." Nein, wir gehen auf ihn zu, der in allen uns begegnet.

Heribert Körlings: Auch immer wieder zurück.

Eugen Drewermann: Zurück zu dem, was er einmal war und immer noch ist, indem wir die Worte vom See Genezareth glauben, als eine Zukunft, die unser Auftrag ist. Dann werden wir erleben, dass Jesus uns entgegenkommt. Dann kann Jesus sagen im Johannesevangelium: „Ich bin doch der Weg. Euer Weg, der einzige, den ihr gehen könnt. Wenn ihr das tut, erfahrt ihr: Ich bin euer Leben. Ich bin die Wahrheit" (Joh 14,6).

Was da bei Johannes steht: „Ich bin der Weg, die Wahrheit und das Leben", ist das Bild von Matthäus: Vom Grab Jesu, den Weg zurück nach Galiläa (Mt 28,16) zu dem, was war, in eine Zukunft zu gehen, die das Leben selbst ist. Das ist die Botschaft der Auferstehung. Ich muss nur noch betonen, das gilt in Relation zu allen, die Jesus suchen. Allen, die gelernt haben, mit ihm zu leben, und die ohne ihn gar nicht mehr existieren können.

Die Bedeutung der Auferstehungshoffnung für Jesus und für sein Leben

Das Entscheidende ist dabei, dass Jesus selbst nur in der Zuversicht auf Auferstehung so leben konnte. Ich betone diesen Punkt sehr nachdrücklich. Die ganze Zeit über haben wir gesagt, wir müssen uns wagen gegen alle Widerstände, sogar gegen die Gewissheit, dass man uns für unser Engagement ans Kreuz schlägt. Selbst wenn das so wäre, gibt es eine Wahrheit, die nicht totzukriegen sein darf. Die verbindet sich mit der Hoffnung auf Auferstehung. So hat Jesus das genannt. Wir dürfen Jesus diese Hoffnung auf Auferstehung nicht absprechen, wie es manche Theologen tun, die das besser wissen wollen, oder nur zu einem Bild für Jesu Auferstehung in dem Glauben der Gemeinde erklären. Jesus konnte seinen Weg überhaupt nur in diesem Vertrauen auf Auferstehung gehen.

Diese Ansicht kann ich sogar religionshistorisch begründen. Man hat in vielen anderen Religionen ebenfalls an Auferstehung geglaubt, insbesondere im antiken Ägypten, anders als in Mesopotamien, von dem das Alte Testament sehr stark beeinflusst ist. Ich muss jetzt bereits die alten Ägypter erwähnen, weil wir später nochmal über Vorstellungen sprechen werden, die über die Griechen, über PLATON mit seinem Dialog Phaidon, auf uns gekommen sind. Das alles hat Jesus selbst kaum beeinflusst.

Jesus ist im Kreise der Pharisäer groß geworden, die ihm später dann zu tödlichen Gegnern wurden. Die wiederum haben in den Tagen der Verfolgung unter dem Syrerkönig ANTIOCHOS IV. EPIPHANES gelernt, was Treue zu Gott bedeuten kann. Der syrische König wollte in der Nachfolge ALEXANDERS DES GROSSEN, dass man eine Art Einheitsreligion einführt, wenigstens in seinem neu geschaffenen Imperium, einem Diadochenstaat des alexandrinischen Großreichs. Die Juden sollten sich nach dem richten, woran laut königlichem Dekret alle zu glauben hatten. Das aber konnte man als Jude nicht, ohne dass man sich selbst zum Heiden machte. Es war also jetzt die Frage, woran man glaubt. Hat Gott uns ein langes Leben versprochen? Dann müssen wir sowohl unseren Eltern gehorsam sein als auch dem Staat. Wenn wir aber dem syrischen König nicht gehorchen, so steht darauf die Todesstrafe. Dann leben wir sicher nicht mehr allzu lange, denn das ist dann unser Todesurteil. Es gab damals Leute, die aus Treue zu dem Gott Israels in den Tod gingen. Daraus bildete sich der Glaube, dass es im Tode nicht egal sein kann, ob man Gott treu bleibt oder nicht, und dass Gott auch seinerseits denen treu ist, die ihm treu bleiben. Ebendies werde sich in dem Moment zeigen, in dem es darauf ankommt, im Augenblick des Sterbens. Gott lässt nicht im Tode diejenigen, die für ihn ihr Leben opfern.

Diese Vorstellung wandelte sich in der Folgezeit zu dem Bild von dem leidenden Gerechten. Der Gerechte setzt sein ganzes Vertrauen in Gott ins Absolute. Er hängt nicht länger am Leben, weil Gott selbst ihm das Leben ist. Dieses Vertrauen meint nicht eine Auferstehung im Sinne der Unsterblichkeit der Seele wie in Griechenland; danach trügen wir in uns eine Substanz, die gar nicht sterben kann. So hat PLATON im Dialog Phaidon SOKRATES sprechen lassen. Hier jetzt, bei den „Gerechten" Israels, geht es um ein Vertrauen in Gott, der uns nicht geschaffen hat, nur um zu sterben, sondern der seine Hände über uns breitet und uns ein neues Leben schafft, entsprechend dem, was er mit uns ein für alle Mal ins Dasein rufen wollte.

Übrigens ist dieser Glaube genau die Art, in der auch der Islam an Auferstehung glaubt. Man glaubt nicht an eine unsterbliche Seelensubstanz, sondern an eine neue Schöpfung aus den Händen Gottes in Erinnerung an das, was Gott bereits mit unserem Dasein ins Werk gesetzt hat. MOHAMMED wehrt sich im Koran entschieden gegen Leute, die die Auferstehung leugnen, mit einem einfachen Argument, das sich gründet auf die Macht und Güte Gottes: „Was müsst ihr erstaunen, dass es eine Auferstehung gibt?", fragte er. „Für Allah ist das kein Kunststück, euch wieder zu erschaffen, wo er euch doch schon einmal erschaffen hat und sich nur daran erinnern muss, was ihr wart." Es gibt keinen Tod bei Allah, der das Leben selbst ist. Das ist ganz im Sinne Jesu gedacht und auch in der Glaubensüberzeugung der Pharisäer, die in den Islam Eingang findet.

HERIBERT KÖRLINGS: Es ist eine Realität.

EUGEN DREWERMANN: Gemeint und geglaubt wird die Auferstehung als Neuschöpfung Gottes, als eine absolute Realität.

HERIBERT KÖRLINGS: Für die Menschen, die sie erfahren, ist es eine innere Realität, was sie nicht weniger wichtig macht als jede äußere Realität.

EUGEN DREWERMANN: Ja! So ist es. So wollte ich es sagen.

HERIBERT KÖRLINGS: Der Glaube an die Auferstehung ist der Ausdruck der schöpferischen Liebe Gottes. Das bezieht sich auch auf eine Tradition im Buch der Weisheit. Gott, der Schöpfer, wird als „Freund des Lebens" (Weish 11,26) bezeichnet. Das ist das Ja des Schöpfergottes.

EUGEN DREWERMANN: Richtig. Und auch die treffenden negativen Beschreibungen, was aus uns würde, wenn wir nicht glauben, finden sich im Buch der Weisheit. Ohne den Glauben an Auferstehung bliebe uns nur das irdische Dasein, mit der Devise: Genießt das Leben, solang es noch ist. Betrinkt euch heute, liebt euch tüchtig, denn mehr gibt es nicht zu hoffen.

Deswegen ist dieses griechisch geschriebene Buch der Weisheit wirklich weise. Es bewahrt uns vor der Täuschung, die wir auch von NIETZSCHE nochmal haben lernen können: Leben hieße fröhlich sein, „denn jede Lust will Ewigkeit". Doch auf Erden gibt es keine Ewigkeit. Das ist eine sichere Gewissheit. Wenn wir wie NIETZSCHE „ewige Lust" wollen als Ersatz für die Ewigkeit, werden wir zu Süchtigen. Wir hungern einer Welt hinterher, die es sicher nicht gibt, im illusionären Verlangen, dass sie so sei.

HERIBERT KÖRLINGS: Aber die Liebe als schöpferisches Ja überwindet den Tod. Ich möchte das „Ja" betonen. Wenn ein anderer Mensch zu mir Ja sagt und ich zu einem anderen Menschen Ja sage, habe ich die Hoffnung, dass dieses Ja in das Ja Gottes mündet und den Tod überwindet.

EUGEN DREWERMANN: Das glaube ich mit Ihnen. Wir müssen jetzt aber noch fragen: Was war mit Jesus selbst? Er lebte im Umfeld des Glaubens an den leidenden Gerechten, der, selbst wenn man ihn hinrichtet, von Gott in den Himmel aufgenommen wird; er wird aus seinen Händen nie herausfallen. Das war mit Sicherheit im pharisäischen Umkreis im Gegensatz zu den Sadduzäern der Glaube, in dem Jesus groß geworden ist. Wer ihm das abspricht, missversteht die Grundlage, aus welcher Jesus lebte.

Es ist dieser Hintergrund, der Jesus die Energie gab, den Widerspruch zu den Schriftgelehrten um Gottes willen, so wie er ihn kennengelernt hatte, bis zum Äußersten zu treiben. Er lehrte Gott als einen Vater, der nicht straft und der dem Verlorenen nachgeht. Er lehrte ihn als einen guten Hirten, der rettet und bewahrt, statt zu verurteilen. Diesen Gott wollte Jesus uns schenken, und zwar um jeden Preis, selbst den des tödlichen Widerspruchs. Dann ist es kein Zufall, wenn Jesus im Markusevangelium gleich an drei Stellen, nämlich 8,31; 9,31; 10,34, zu den Jüngern sagt: „So wird es kommen mit mir: Man wird mich töten, aber am dritten Tage wird Gott mich auferwecken." Das soll heißen: Man wird die Heiden für meine Hinrichtung in Dienst nehmen, damit sie das nur gründlich machen, denn ich bin ihnen schlimmer als jeder Heide. Sie werden alles, was ich sage, für das reine Teufelswerk erklären. Sie werden mich ermorden, weil ich das Leben bringe. Sie werden mich hassen, weil ich die Liebe lehre. Sie werden mich zum Lügner erklären, weil ich ihnen die Wahrheit bringe, die sie selbst aus Angst verleugnen. Das alles muss so kommen, sonst wäre das, was ich zur Verwandlung der Welt zu sagen hatte, nicht die Wahrheit. Aber es gilt: „Am dritten Tage werde ich auferstehen" (Mk 10,34). Diese Überzeugung war der Grund, warum Jesus all das auf sich nahm und nehmen konnte. MARKUS beschwört uns geradezu, Jesus in diesem Sinne zu verstehen. Jesus konnte, was er tat, nur vollbringen unter der Bedingung einer Hoffnung, die nicht totzukriegen ist, nicht einmal im Sterben, nicht einmal im Ermordetwerden.

Die Hoffnung auf Gerechtigkeit

HERIBERT KÖRLINGS: Das Motiv von der Auferweckung am dritten Tag stammt aus dem Buch des Propheten HOSEA (Hos 6,1). Das ist nicht zeitlich gemeint, sondern vor dem Hintergrund zu verstehen, den Sie skizziert haben: Gott rettet den Gerechten aus dem Tod und lässt ihm Gerechtigkeit widerfahren.

Für MAX HORKHEIMER, einen jüdischen, vom MARXistischen Denken beeinflussten Philosophen, ist Gerechtigkeit eine wichtige Perspektive. Selbst Agnostiker, kennzeichnet er in einem Interview bewusst vorsichtig Theologie als „Ausdruck einer Sehnsucht danach, dass es nicht beim Unrecht bleibe, dass der Mörder nicht über das unschuldige Opfer triumphieren möge". Weltlich könne die Sehnsucht nach vollendeter Gerechtigkeit nie realisiert werden, da das vergangene Elend durch eine bessere Gesellschaft „nicht gutgemacht" werde.

Damit kommt die Möglichkeit der jüdisch-christlichen Glaubensüberzeugung in den Blick: Derjenige, der über den Tod hinaus Gerechtigkeit stiften kann, ist Gott, der seinen Geschöpfen verbunden bleibt.

EUGEN DREWERMANN: Ein Richter ist er, der sogar dem Mörder das Licht schenkt, um zu begreifen, wie er dahin kam, so zu handeln, wie er es getan hat. Die Frage sucht das Neue Testament zu beantworten: Wie erlöst man KAIN von der Mordtat an seinem Bruder? Was HORKHEIMER richtig meint, bezieht sich auf das, was ohne die Religion wäre, ohne den Glauben an Auferstehung. Er entnimmt dem Inbegriff aller Religionen seine entscheidende Hoffnung. Sonst müssten wir sagen: Wir sind einzig geboren, um zu sterben.

HERIBERT KÖRLINGS: HORKHEIMER würde sagen, der Mörder triumphiert dann über das unschuldige Opfer.

EUGEN DREWERMANN: Eben deshalb ist das Leiden des Gerechten für das Judentum der Beweis geworden, dass es unendlich viel mehr geben muss als nur das Diesseits. Auch bei HORKHEIMER herrscht der Gerechtigkeitsanspruch vor, natürlich auch mit innerweltlichen Konsequenzen. Seinen Humanismus begrüße ich an sich sehr, doch muss er selber darüber noch weiter nachdenken.

HERIBERT KÖRLINGS: Das geschieht in dem erwähnten Interview. Es heißt: „Die Sehnsucht nach dem ganz Anderen". Hier macht HORKHEIMER noch einen Sachverhalt bewusst, der sich auf das menschliche Handeln bezieht: Der positivistische Standpunkt könne nicht begründen, warum der Hass schlechter sei als die Liebe, wenn man dadurch in der Gesellschaft keine Nachteile habe.

EUGEN DREWERMANN: Ganz genau. Jetzt formuliere ich das dort Gemeinte einmal mit einem Mann, den ich für mich selbst seit Jahren bewundere und verehre, einen Spanier: MIGUEL DE UNAMUNO. Er hat Bücher geschrieben wie „Die Agonie des Christentums", „Vom Geist des Tragischen" und „San Manuel Bueno, der Märtyrer" sowie zwei Bände über Don Quijote und vieles andere. Er beschwört unser Denken eigentlich, von einem Paradox auszugehen, das dazugehört, dass wir Menschen sind. Das ist die ebenso unabweisbare wie im Irdischen unerfüllbare Sehnsucht nach Unsterblichkeit.

Wir kommen auf die Welt und erwarten, dass wir etwas Unvergängliches, Einmaliges, Bedeutsames, Unvergessliches, Berechtigtes und Notwendiges sind. Mit dieser Erwartung werden wir geboren, weil wir zu Bewusstsein fähig sind, weil wir nicht wie die Hunde und die Katzen einfach dahinleben können, weil wir Menschen sind, die sich selbst reflektieren und die Frage mitbringen, wofür das alles ist und wohin es führen soll. Das ist freilich nur die eine Seite. Die andere ist, dass wir eine Ratio haben, die uns sagt: Das ist alles zu viel verlangt. Wir wissen, was aus dir wird: Du existierst von Staub zu Staub. Anders kann es nicht sein. Die Sterblichkeit redet zu dir in der Sprache der Fakten. – Beides steht im Kampf miteinander. Daraus wird für DE UNAMUNO die Donquichotterie unseres ganzen Daseins, ein Heroismus, der sich im Unendlichen gegen das Endliche bewahrt. Wir schwärmen als Menschen aus, um der Idee unserer Sehnsucht mehr zu glauben als aller Realität. Der SANCHO PANSA an unserer Seite kann uns sagen, dass all das nur Windmühlen sind, die wir sehen. Wir werden sie gleichwohl bekämpfen, weil wir sie innerlich für Riesen halten, denen wir Widerstand entgegenbringen müssen. – Es mag sein, dass die Lesenden uns an dieser Stelle für verrückt erklären, aber für DE UNAMUNO ist dieser Zwiespalt ein Beweis unserer wahren Menschlichkeit. Wir sehen die Dinge richtig: Die „Windmühlen", an die wir glauben als Windmühlen, sind womöglich genau die Kräfte, die dabei sind, im Fall von Resignation und Enttäuschung unser Menschsein zu zerstören. Vielleicht glauben wir innerhalb eines rein mechanistischen, materialistischen Denkens gerade in unseren Tagen an eine Mechanik, die wir künstliche Intelligenz nennen. Was sind das jetzt für Ideen? Offenbar doch Giganten, Riesen, Daseinsmächte, denen wir Widerstand leisten müssen. DE UNAMUNO meinte, wir sollten das glauben, was wir in uns als Bedürfnis tragen. Das sei die eigentliche Wahrheit.

Eine Unsterblichkeit im Internet jedenfalls ist ein leeres und irreführendes Versprechen, es sei denn, wir wollten Personen als Maschinen für erklärbar halten und mit technischen Mitteln in Maschinen verwandeln. Was wir im Glauben ersehnen, ist ein Werk der Gnade, nicht ein Programm von industriellen Machbarkeiten.

Wissen um Unsterblichkeit?

Menschen werden geboren mit dem Hunger, dem Durst, der Sehnsucht nach Unsterblichkeit. Das liegt in uns, so wie jedes Kind zur Welt kommt ohne das Verlangen nach seiner Mutter. Es hat seine Mutter nie gesehen, aber mit dem ersten Schrei erwartet es, dass Hände da sind, die es umarmen und ihm Wärme schenken, dass es jemanden gibt, der es nicht kalt werden lässt und der es füttert. Ähnlich werden wir in die Natur in ihrer Endlichkeit hineingeworfen, mit dem Wissen einer Berufung zur Unendlichkeit. Genauso hat sich DE UNAMUNO nicht ausgedrückt, aber der Sache nach hat er es immer wieder so beschrieben. Die Menschen können anders gar nicht leben als mit dem Verlangen nach Unsterblichkeit – das war seine feste Meinung.

HERIBERT KÖRLINGS: Das ist nicht nur ein Gefühl. Es steht nicht im Gegensatz zum Denken. THOMAS VON AQUIN, der Kirchenlehrer aus dem Mittelalter, schreibt: „Das natürliche Strebevermögen des Menschen kann nicht vergeblich sein."

EUGEN DREWERMANN: Wir müssen diesen Gedanken etwas ausführlicher erläutern, weil ein ganz spannendes, zentrales Thema für uns daraus entsteht. Kann es sein, dass wir wesentlich auf etwas ausgerichtet sind, das es nicht gibt und gar nicht geben kann? Es sind nicht wenige, die sagen: Das sind doch alles nur kindliche Wunschträume, was ihr da hegt. FREUD hätte zum Beispiel sogar gesagt, das seien bloße Infantilismen, lauter Kindereien. Er konnte in einer Vorlesung sagen: „Nicht wahr, wir wollen doch erwachsen werden?", als er sich ausließ über den Glauben an Unsterblichkeit. Diese Bitterkeit hören wir heute von allen Seiten, und gegen die müssen wir etwas tun. Sie haben vorhin mit HORKHEIMER schon ein Argument zugunsten des Auferstehungsglaubens aufgeführt. Ohne die Hoffnung auf Auferstehung müsste es als egal erscheinen, ob wir Schufte waren oder Märtyrer, ob wir Helden wären oder Heuchler.

Es ist da trotzdem noch ein Unterschied bemerkenswert. Ich kenne Menschen, die sich als bekennende Atheisten ausgeben und doch jahrelang ihre Frau pflegen, die sich schwerbehindert auf den Tod vorbereiten muss; gleichzeitig würden sie niemals an so etwas wie Auferstehung glauben. Das erlebe ich oft genug, und es enthält eine menschlich beachtenswerte Möglichkeit: eine sittliche Verpflichtung, die sich aus unmittelbaren menschlichen Gefühlen der Zuneigung ergibt. Dazu gehört nicht unbedingt eine grundsätzliche philosophische Nachdenklichkeit. Eine solche aber ist unerlässlich angesichts der mitleidlosen Infragestellung von allem, was wir sind, durch den Tod.

Beginnen wir noch einmal mit der Situation des leidenden Gerechten im antiken Judentum. Jesus hat die Bezeugung einer Wahrheit vor sich, für die man ihn töten wird und für die man ihm vorwirft, Gott geleugnet zu haben, – ähnlich wie man SOKRATES vorwarf, dass er Atheismus gelehrt habe, nur weil er an den Gott von Delphi glaubte, an dessen Tempel stand: Erkenne dich selbst. Der große Grieche wollte die Menschen dahin begleiten, dass sie sich selbst erkennen könnten. Wenn solche Szenen möglich sind, entsteht die Frage, woran man glaubt, um der Endlichkeit des Lebens in dieser verworfenen Form, in dieser ungeheuerlichen Verzerrung der menschlichen Wahrheit standzuhalten. Dann zeigt sich, dass man einen Rückhalt über diese Welt hinaus braucht, um diese Welt zu bestehen. Man braucht, im Bild von vorhin, den Polarstern, um die ganze Strecke des unbekannten Meeres weit über den Horizont hinaus zurücklegen zu können, ohne zu wissen, was uns am anderen Ufer erwartet und was man dort antrifft. Man braucht eine Orientierung, die uns in der Nacht den Kurs weist. Eine solche Orientierung bietet unsere Sehnsucht. Von ihr können wir freilich nicht in rationalen Begriffen, sondern am besten in Bildern sprechen. Solche Vorstellungen waren, wie angedeutet, schon im alten Ägypten und dann in vielfacher Form in der Religionsgeschichte der Völker ausgeprägt; sie sind gegenwärtig in unseren Träumen, deren Bilder wir der äußeren Wirklichkeit entnehmen, um sie in Symbole der Sehnsucht unserer Seele umzuformen.

In der Vergangenheit kündete etwa der Wechsel der Jahreszeiten sinnenfällig von der Wiederkehr des Lebens gegen den Tod. Nach dem Herbst folgt der Winter. Das Leben schläft ein, aber es erwacht wieder. Spätestens im Frühling wird es wieder auferweckt zum Leben. Darin lag für die Alten ein Zeichen der Wiederkehr des Lebens, allerdings nur begrenzt im Zyklus der Naturreligion, der Fruchtbarkeitsmythen. Spätestens im sechsten, fünften Jahrhundert vor Christus in Griechenland entdeckte man aber im Kult des DEMETERglaubens in Eleusis, dass ein Bild des Naturzyklus zu unpersönlich ist, um auf die Frage der Unsterblichkeit des individuellen Lebens zu antworten. In Athen gibt es einen Friedhof, den Kerameikos, den Keramikfriedhof, mit wunderbaren Steinsetzungen. Vierzig Kilometer westlich von ihm trifft man auf Eleusis, den Kultort der DEMETER. Man geht einfach den Friedhofsweg immer weiter bis zu dem Punkt, wo die Göttin der Feldfrucht sich der Tödlichkeit des Lebens gegenüber verweigerte. Denn ihr Mythos erzählt, dass der Gott HADES ihre eigene Tochter PERSEPHONE geraubt und die Geliebte in die Unterwelt entführt habe. Ihre Mutter DEMETER war darüber derart traurig, dass sie sich weigerte, dem Acker der Bauern noch Frucht und Nahrung zu entlocken, wenn nicht ihre Tochter aus dem Hades zurückkehren könne. Mit dieser Weigerung erpresste sie ZEUS, ihren eigenen Bruder; denn die Götter würden keine Opfer mehr bekommen, wenn es keine Menschen mehr gäbe. Es würden keine Menschen mehr existieren, die ihnen Feldfrüchte opfern könnten. DEMETER zeigte mit ihrem Protest gegen den Tod zugleich den Menschen, dass das Leben insgesamt sinnlos ist, wenn die eigene Tochter nur geboren wird, um im Tod zu verschwinden, indem sie von dem Todesgott HADES geraubt wird. Dieser Widerspruch gegen den Tod meldete sich im DEMETERkult von Eleusis zu Wort. Rituell zeigte man den Gläubigen in Eleusis eine abgeschnittene Ähre. Das ist sehr ähnlich dem Bild der Unsterblichkeit, mit dem der Priester bei einer katholischen Messfeier den Gläubigen die konsekrierte Hostie als den Leib des Herrn entgegenhält, entsprechend der Worte Jesu im Johannesevangelium 12,24: „Wenn das Samenkorn nicht in die Erde fällt und stirbt, bleibt es allein, wenn es aber stirbt, bringt es viel Frucht."

HERIBERT KÖRLINGS: Dieses Brot wird in einem Kirchenlied die Seelenspeise für die Pilgerreise genannt. Der Mensch wird als Pilger zu Gott verstanden.

EUGEN DREWERMANN: Ganz genau. Wenn wir eben von DIONYSOS sprachen, so stoßen wir auf dasselbe Problem oder besser auf dasselbe Symbol. DIONYSOS war für NIETZSCHE, wie wir sahen, eine Gottheit, die im Rausch unsterblich sein sollte. Es gibt im zweiten Kapitel des Johannesevangeliums die Erzählung von der Hochzeit in Kana (Joh 2,1–11). Fälschlicherweise wird sie immer wieder als bloße Weinseligkeit bei einer Hochzeit verstanden. So ist es aber nicht. Die Geschichte spielt eigentlich auf der Insel Andros und schildert ein Wunder des DIONYSOS, wie er aus fließendem Wasser Wein machte. DIONYSOS ist ein Gott, der den Tod, die Todesangst, im Rausch zu überwinden vermag. Man löst sich im Weingenuss auf, die Person zerfällt, sie nimmt sich gar nicht mehr mit Bewusstsein wahr. Diesen Zustand kann man erleben wie eine Antwort auf den Tod, als einen Durchbruch von Seligkeit, den man gerade noch erahnt, weil man nichts als sich selber mehr spürt.

Das Johannesevangelium will indessen genau das Gegenteil sagen. Es widerlegt diese Art von Antwort auf den Tod, indem Jesus sagt: „Meine Stunde ist noch nicht gekommen" (Joh 2,4). Die Stunde Jesu wird kommen am Karfreitag, und Jesus meint eigentlich: „Dann widerlege ich den Tod ganz anders. Ich widerlege DIONYSOS. Dafür steht mein Weinwunder: Gott kann aus dem Nichtigen, aus dem scheinbar Unschmackhaften, aus dem Unscheinbaren, aus dem nur Flüssigen und sogar Überflüssigen, Leben gründen und schaffen. So wie der Mensch von jedem Wort lebt, das aus dem Mund Gottes kommt (Mt 4,4), so von dem Wein, den ich gebe, und von dem Leib, der ich bin, um euch mit der Energie auszustatten, in deren Glauben ihr selbst existieren mögt."

HERIBERT KÖRLINGS: Das geschieht im Leben, im Tod und in der Auferstehung Jesu.

EUGEN DREWERMANN: Das geschieht mit dem Tod Jesu am Kreuz, mit dem Glauben an die Auferstehung, mit den letzten Worten, die der Gekreuzigte spricht nach Psalm 31: „In deine Hände gebe ich mich ganz" (vgl. Lk 23,46). Damit will er sagen: „Was aus mir werden wird, vermag ich kaum zu formulieren. Seht selbst: Da stehen Frauen, die sich krümmen vor Schmerz, deren Krankheiten ich geheilt habe, denen ich Vertrauen gegen ihre Angst ins Herz gelegt habe. Da steht keiner meiner Jünger. Die sind alle weggelaufen aus Angst. Den Frauen konnte man nichts tun, deshalb stehen sie noch da. Da stehen aber auch die Hohepriester und glauben zu wissen, dass sie recht gehabt haben. Sie haben alles genau gesetzesgetreu ausgelegt und durchgeführt. Da stehen des Weiteren die Soldaten. Sie haben nur ihre Befehle ausgeführt, sie wussten überhaupt nicht, wer ich bin, aber sie haben mich ausgepeitscht, ausgelacht und als Feind Roms angepöbelt. Sie haben mich hochgerissen, wenn ich zusammengebrochen bin. Sie haben mich nackt ausgezogen, sie haben mich vorgeführt und nach ihrer Vorgehensweise gekreuzigt, damit das Sterben recht lange dauert. Sie haben in allem nur ihre Befehle ausgeführt. Sie waren lediglich gehorsam. Diese Leute werden sich abends in der Kaschemme mit Wein betrinken und sagen, dass sie alles richtig gemacht haben. Jedoch: Für solche Leute gehe ich in den Tod, um die Welt zu ändern. Und so bete ich: Lieber Vater, ich habe gemacht, was ich konnte, und was jetzt kommt, gebe ich in deine Hand zurück. Mehr konnte ich nicht sagen, mehr konnte ich nicht tun. Mehr hast du mir nicht erlaubt, zu werden. Ich gebe es in deine Hand zurück. Was jetzt wird, weißt einzig du. Darauf vertraue ich. Mein Leben steht ganz und gar bei dir. Ich freue mich darauf, jetzt in deinen Händen die Geborgenheit wiederzufinden und allen denen wieder zu schenken, für die ich eingetreten bin."

Die Liebe entdeckt die Unsterblichkeit des anderen

Jetzt müsste ich sagen, wie es zwei Franzosen einmal sagten. GEORGES BERNANOS, am Ende seines Buches „Tagebuch eines Landpfarrers", schreibt: „Es gibt kein Reich der Lebenden und daneben ein Reich der Toten. Es gibt nur ein einziges Reich der Liebe, in dem wir auf ewig zusammen sind." Hier in Paderborn, als ich noch Theologie studierte, habe ich einen zweiten Franzosen kennengelernt, den heute kaum noch jemand liest, der aber unbedingt verdient, gelesen zu werden: GABRIEL MARCEL. Er widersprach den Existenzphilosophen JEAN-PAUL SARTRE und ALBERT CAMUS, der ganzen philosophischen Garde. Er war ein Existenzialist der Liebe und der Freundschaft. Bei JEAN-PAUL SARTRE kommt Liebe eigentlich nur im Übergang von Sadismus und Masochismus vor. Sein Problem war: Wer sieht wen an? Wer macht wen zum Objekt? Wer instrumentalisiert den anderen für seine Zwecke und ist stark genug, sie durchzusetzen? Bei GABRIEL MARCEL ist die Liebe keine Täuschung, auch keine Kinderei. Sie ist nicht, wie FREUD sich einmal ausgedrückt hat, eine kurzzeitige Hysterie des Selbstbetrugs. Sie ist die Wahrheit, die wir im Wesen des anderen finden. Von daher konnte GABRIEL MARCEL sagen: „Wenn du jemanden liebhast, sagst du ihm: Du kannst nicht sterben." Die Liebe gibt dem anderen die Versicherung: „In deiner Liebe entdecke ich den unvergänglichen Wert deiner Existenz. Gott hat sich nicht geirrt, als er dich erschuf, und er hat dich nicht zum Sterben erschaffen, sondern für das Leben. Das kann nur ewig sein angesichts des Todes. Das entdecke ich, weil ich dich liebe. So verhält es sich. Du lebst nicht, weil ich dich liebhabe, aber ich entdecke dich als unsterblich in meiner Liebe."

HERIBERT KÖRLINGS: Ich entdecke deine Unsterblichkeit, weil ich dich liebe, und nicht: Meine Liebe garantiert deine Unsterblichkeit.

EUGEN DREWERMANN: So ist es. Ich könnte gerne zitieren, was die alten Ägypter bereits im fünfzehnten Jahrhundert vor Christus wussten. – Die meisten werden die Ausstellungen aus dem Grab des TUTANCHAMUN kennen, die in den Museen kursieren. Der Pharao trägt den wunderbaren Namen „Das lebende Abbild des Gottes des Geistes und des Windes (*Amun*)". Seine Gemahlin hatte genauso einen schönen Namen: „Sie lebt nur für die Erscheinung des Lichtes, ANCHESENPAATON", hieß sie. TUTANCHAMUN starb sehr früh, schon mit siebzehn

Jahren. Man nimmt an, dass er ermordet wurde. In ihrem Unglück legte seine Gattin einen Skarabäus auf das Herz ihres verstorbenen Gemahls; das war ein Bild der Unsterblichkeit, weil dieser Käfer sein Gelege so vor sich herrollt, wie die Sonne am Himmel sich scheinbar als Scheibe vor sich herbewegt. Außerdem war der Name dieses Käfers *Cheper*, und das ist altägyptisch das Wort für *werden*. Die Gestalt des lebendigen Werdens, das ist der Cheper-Käfer, ein Bild der Unsterblichkeit. Auf ihm geschrieben aber standen diese Worte: „Ich habe dich geliebt, großer TUTANCHAMUN, und meine Trauer, dass du gehst, ist groß. Aber vergiss, dass die Zeit Zeit ist, denn nach der Zeit sehen wir uns wieder." Schöner kann man die Hoffnung auf Auferstehung gar nicht wiedergeben. Sie ist das Zeugnis einer Liebe, die sich zum Glauben und zur Hoffnung durchringt, einander auch im Tod nie verloren zu gehen.

HERIBERT KÖRLINGS: *Glauben Sie daran, dass sich Liebende auch nach dem Tod wiederfinden?*

EUGEN DREWERMANN: Wir werden uns wiedersehen. Das konnte AUGUSTINUS einmal sehr schön sagen: „Auferstehung ist unser Glaube, Wiedersehen unsere Hoffnung, Liebe unsere bleibende Erinnerung.« Wir drehen das oft um. Wir deuten die Auferstehung als das Bleiben unserer Liebe. Darauf aber ist wenig Verlass. Wie oberflächlich ist die Erinnerung, die wir haben? AUGUSTINUS wusste, dass das so ist, und setzte die Erinnerung deshalb an die letzte Stelle. Unsere Liebe schafft die Erinnerung, aber sie allein ist nicht das Zeugnis der Auferstehung, sondern in umgekehrter Reihenfolge.

HERIBERT KÖRLINGS: „Wir werden uns wiedersehen", ist der letzte Satz des Romans „Buddenbrooks" von THOMAS MANN. Das ist ein Hoffnungssatz.

EUGEN DREWERMANN: Genau. Und was die Buddenbrooks angeht – man könnte durch das Buch der Bilanzen des ganzen Geschäftes den Querstrich ziehen, den der Sohn dann auch einträgt, mit der Auskunft: „Ich dachte, danach kommt nichts mehr." Rein irdisch ist der Tod das Ende; dass es weitergeht und der Tod nur das Tor zur Ewigkeit öffnet, ist eine Hoffnung allein des Glaubens.

HERIBERT KÖRLINGS: Das tut HANNO BUDDENBROOK.
Glauben Sie an einen Himmel, haben Sie konkrete Vorstellungen?

EUGEN DREWERMANN: In einem Gedicht von JOSEPH VON EICHENDORFF heißt es:

> Trennung ist wohl Tod zu nennen,
> Denn wer weiß, wohin wir gehn,
> Tod ist nur ein kurzes Trennen
> Auf ein baldig Wiedersehn.

Darin ist gesagt, dass wir die Zukunft ja nicht kennen, dass wir im Grunde an Auferstehung und an ein Wiederfinden zunächst nur mitten in diesem Leben glauben, ohne dem große religiöse Bedeutung beizumessen. Aber wenn wir wesentlich denken, stimmt das ja: Wir gehen auseinander und wissen überhaupt nicht, ob und wie wir einander wiedersehen. Wir vertrauen aber, dass das möglich ist. Wir wissen als Eltern nicht, wie unsere Kinder sich weiterentwickeln, wenn wir selbst ins Grab sinken. Doch auch wenn wir erleben müssen, dass sie von uns weggehen in eine fremde Welt, die wir gar nicht mehr erreichen können, wenn wir auf alles Wissen um ihre Zukunft verzichten und sie ins Unbekannte freigeben, dann haben wir partiell schon einmal eine ähnliche Zuversicht auf ein Weiterleben, das wir empirisch nicht begründen können. Wir bringen es aber mit, und es hilft uns, beieinander zu bleiben. Ein Wiedersehen von einander Wohlbekannten im gänzlich Unbekannten! „Trennung ist wohl Tod zu nennen", – das ist etwas, das wie ein Einschnitt ist. Wann verlieren Eltern ihre Kinder? Einfach schon, wenn sie erwachsen werden, wenn sie Dinge tun, die durchaus nicht die Billigung der Eltern finden, wenn sie, wie bei den BUDDENBROOKS, anfangen, musikalisch zu werden gegen den Willen des Vaters.

HERIBERT KÖRLINGS: Statt die Firma und das Geschäft weiterzuführen.

EUGEN DREWERMANN: Weiterzuführen! Ja, eben. Was macht man dann? Wenn alles anders kommt, als man es gewünscht hätte, und dem Leben des anderen doch weiter Begleitung schenken möchte? In solchen Momenten taucht man ein in die Sphäre Gottes, man übergibt den anderen in die Hände, denen man sich selbst anvertraut. Insofern dürfen wir denken, unser Leben sei unterwegs zu einem Abschied, der uns nur scheinbar endgültig scheint, weil er lediglich unsere physische Zusammengehörigkeit auseinanderreißt. Wenn wir uns recht begreifen, ist das, was wir vorweg getan haben, in sich selbst kaum etwas anderes als Teil des Vergänglichen.

Manchmal lese ich auf Totenzetteln: „Wo wir sind, wirst auch du sein. Wir trauern, dass du nicht mehr bist, aber wir sind dankbar, dass du warst." Das alles stimmt, und es ist gut gesagt; ich glaube auch, dass es ehrlich gemeint ist. Dennoch aber ist es nur begrenzt gültig in der Wahrheit. „Wo wir sind, wirst auch du sein"? Wie lange sind denn wir selbst? Was erinnern wir vom anderen in unserer Liebe? – Schon kommen wir ins Nachdenken. Was wir erinnern, ist geprägt von unseren Wünschen, von den Momenten gemeinsamen Glücks, aber auch von den Szenen unseres Versagens. Wir haben vieles wiedergutzumachen. Unser Erinnern ist eine Aneinanderkettung von einzelnen Gedächtnisszenarien, die sich ungefügt ineinanderschieben und die an sich keinen Wahrheitswert im Sinne einer bestimmten Gültigkeit besitzen können. Sie sind sehr subjektiv verformt und zeigen uns, es auch nicht endgültig wissen zu können, wer der andere war.

Je älter wir selbst werden, umso mehr wandeln sich die Erinnerungen, Gott sei Dank sogar! Ein paar Jahre, nachdem ein Mensch, den wir sehr liebgehabt haben, „von uns gegangen ist", wie wir uns auszudrücken pflegen – uns vorangegangen ist, sag ich lieber –, fällt uns ein, was einmal war. Da hat uns jemand sehr gebeten, etwas zu tun. Das kam uns damals überflüssig und sinnlos vor. Wir waren auch viel zu müde für das, was er wollte. Wir hatten die Geduld nicht. Wir sind deshalb damals nicht darauf eingegangen. Jetzt jedoch, drei Jahre, fünf Jahre, zehn Jahre später, begreifen wir, was er uns damit sagen wollte. Es war, äußerlich genommen, tatsächlich ohne große Bedeutung. Aber es hatte einen symbolischen Ausdruckswert.

Der andere hat zum Beispiel damals mitten in der Nacht gesagt, wir sollten den Mond anschauen. Jetzt lese ich bei GOETHE:

> Füllest wieder Busch und Tal
> Still mit Nebelglanz,
> Lösest endlich auch einmal
> Meine Seele ganz.

Das war seine Bitte: Wir sollten den Mond anschauen und dabei begreifen, dass Traum und Wirklichkeit eine Einheit sind. Wir sollten begreifen, dass Fühlen und Denken, dass wir beide als Mann und Frau eine Einheit wären. Ich Dummkopf aber bin darauf nicht im Entferntesten eingegangen. Ich habe die dichterische Sprache ihrer Intuition, ihres Wunsches überhaupt nicht begriffen. Ich brauchte erst wieder GOETHE, um nachzulernen, was sie vor Jahren gemeint hat.

So etwas fällt uns allzu spät ein, aber wir können es nicht wiedergutmachen. Schon allerdings sind wir in einem Gespräch mit jemandem, der lebendiger neben uns ist als jeder andere, den wir um die Ecke treffen könnten. Ein solches Gespräch hört niemals auf.

Ich treffe auf so etwas immer wieder, auch in der Seelsorge, auch in der Psychotherapie, und ich versichere dem anderen: Das, was Sie jetzt sagen, zeigt doch nur, dass Ihr Gespräch immer weitergeht. BERNANOS hat recht: Es gibt kein Land der Lebenden und daneben ein Land der Toten, es gibt nur ein einziges Land der Liebe, in dem wir untrennbar auf ewig zusammen sind. Sie reden mit dem anderen im Rückblick, aber er ist Ihnen vorausgegangen. Er hört Sie und steht schon da, wohin Sie selbst kommen. Er steht an der Tür, auf die Sie zugehen, um Sie in Empfang zu nehmen. – So ist Sterben. Es öffnet endlich die Pforte, es zieht auseinander den Vorhang, der hier noch alles umdunkelt.

Endlich also treten wir in das Licht, auf das hin wir hier schon ansatzweise und ahnungsvoll all die Zeit leben. Endlich, angelangt am anderen Ufer, sehen wir diese Wirklichkeit des irdischen Daseins inmitten der Angst, der Gewalt, der Grausamkeit mit den Augen Gottes in ewiger Liebe. Auf einmal verstehen wir alles. Die Momente, in denen wir in der Erinnerung wahrnehmen, was wir falsch gemacht haben, oder in denen wir glücklich waren vor Freude, reifen jetzt in Gottes Ewigkeit. Sie reifen in uns selber zu der Liebe auf, die uns empfängt, wenn sich die endlichen Begrenzungen hier auf Erden lösen.

FJODOR MICHAILOWITSCH DOSTOJEWSKI hat in seinem Roman „Raskolnikow – Schuld und Sühne" einmal Ähnliches geschrieben. MARMELADOW, ein Alkoholkranker, sagt da inmitten seiner Verzweiflung wie in einem Gebet: „Dann werden alle alles verstehen. Dann werden wir alle alles verstehen. Dein Reich komme." Es gibt nichts mehr zu verurteilen, nichts mehr abzuwehren, nichts mehr zu verwünschen, nichts mehr zu verfluchen, nicht mehr von sich zu sagen wie MARMELADOW soeben noch: „Ein Schwein wie mich soll man kreuzigen." Es gibt keinen Selbsthass mehr, es gibt keinen Kampf mehr gegen das Böse im eigenen Herzen oder im anderen, es gibt nur noch ein unendliches Vergeben im Begreifen von allem.

Das ist unsere Hoffnung, und das bedeutet Auferstehung. Das ist kein Zustand unserer metaphysischen oder physischen Natur. Es ist eine Erweiterung unserer Seele in einem richtig gewordenen Leben, das sich aus all den Verbiegungen und Verformungen der irdischen Existenz herausschält zu seiner Eigentlichkeit.

Übrigens hat das PLATON bereits bildhaft sehr schön gelehrt. Er hat an die Unsterblichkeit der Seele geglaubt, und ich nehme, was er schreibt, einmal als ein Bild, nicht als eine metaphysische Substanzaussage. Er hat sinngemäß im „Symposion", in seinem Dialog über die Liebe, gelehrt, dass EROS, die Liebe, eigentlich die Schwächste, die Bedürftigste unter allen Göttern sei, weil sie diejenige ist, die die meiste Sehnsucht mitbringt. Ausgerechnet dieser Energie, der PENIA, der Armut, dem EROS, hat PLATON zugetraut, dass sie die Wahrheit im Herzen des anderen findet. Ich gebe das jetzt einmal so wieder: Wer jemanden liebhat, ahnt – ob er es weiß oder nicht – die Wirklichkeit, die der andere in sich trägt. Er sieht womöglich jemanden, der jeden Tag etwas anderes tut als das, für das man ihn liebhaben könnte, aber er ahnt dahinter auch seine Not und begreift, warum er das so macht. Man weiß, dass er sich selbst in dem widerspricht, was er da treibt. Man wünscht ihm, dass er nach und nach lernt, auszusprechen, was er wirklich ist. Man hört das, wie im voraus schon, für ihn jetzt in der Gegenwart. Man legt es ihm manchmal ans Herz oder in den Mund. Man umarmt ihn und drückt ihn an sich, um ihm mitzuteilen: „Ich verstehe dich selbst in deinem Durcheinander. Ich liebe dich sogar wegen deines Durcheinanders. Was hast du mitgemacht? Ich höre sogar und gerade in deinen Selbstverstellungen das, was man mit dir angestellt hat, sodass du dich kaum zu dir selber entwickeln konntest. Aber ich sehe an der Art, wie du das durchgestanden hast, auch all das, was in dir leben möchte und jetzt endlich leben kann. Und da stehe ich dir bei."

Wenn *das* Liebe ist, findet man in dem anderen das ursprüngliche Wesen wieder und liebt es hinaus in die Freiheit und hebt es empor in die Realität. Daraus hat PLATON seine Lehre vom EROS und der PENIA gezogen. – Sagen wir von daher zur Frage nach der Unsterblichkeit der Seele so: Was wir Seele nennen, ist eigentlich nur die Wahrheit, die immer schon bei den Göttern existiert hat; nur für eine vorübergehende Zeit inkanierte sie unter den begrenzten Bedingungen, die wir die irdische Existenz nennen, um endlich frei zu werden für ihre Wahrheit. Der Weg, der dahin führt, ist die Liebe, mit der wir einander begleiten. Auf eine künstlerische Art, in einem Marmorblock, konnte MICHELANGELO die Gottheit selber Gestalt werden lassen, die er darin erahnte. – So in der Liebe. Man folgt eigentlich nur dem Bild, das man in dem Marmorblock verborgen sieht. Das eigentlich ist Liebe:

Man liebt den anderen in der Wahrheit, die durch die Begegnung mit ihm frei wird. Jeder Handschlag ist dann ein Meißelschlag auf den Marmorblock. So liebt man die göttliche Wahrheit in ihrer Unsterblichkeit im anderen frei.

Aus der Liebe leben

Ich habe das einmal in einer Schulklasse zu sagen versucht und bekam in der Diskussion zur Antwort: „Die Liebe ist aber vergänglich." Da sagte ich: „Das mag so sein. Ich verstehe auch, was Sie meinen, aber wir reden jetzt nicht über einen One-Night-Stand. Wir sprechen auch nicht vom Tindern auf Ihrem Handy. Wir sprechen von Liebe.

Sie mögen recht haben: Manche Neurologen sagen, Liebe sei eine Überschwemmung von Hormonen für eine gewisse Zeit. Oxytocin zum Beispiel ist ein Bindungshormon. Eine solche Hormonausschüttung kann sechs Monate halten, wenn man Glück hat. Aber nach achtzehn Monaten nimmt sie normalerweise spürbar ab. Dann kehrt die Realität zurück, der Lack ist ab, die Verliebtheit als Zustand traumhafter Seligkeit endet. Deshalb sage ich, wenn die Neurologen oder Psychiater von Verliebtheit sprechen, ist das nicht das, wovon wir bei dem Wort Liebe reden. Man kann sicher verliebt sein, ich gönne Ihnen, dass Sie das sind. Es ist wunderschön. Man ist glücklich. Aber die Verliebtheit sollte Sie zu genau dem führen, wovon ich gerade rede: zur Entdeckung des Wesens des anderen. Dieses sein Wesen schält sich langsam vor Ihren Augen unter allem Oberflächlichen heraus. Wer ist der andere wirklich? Was ist er, wenn Sie ihn unverhüllt sehen? Was, wenn er es wagt, sich Ihnen nicht nur körperlich zu zeigen, sondern seelisch? Dann lernen Sie ihn kennen und immer tiefer lieben."

AUGUSTINUS hat das im Verhältnis zu Gott sehr schön beschrieben, es gilt aber auch unter uns Menschen. „Ich möchte dich erkennen, weil ich dich liebe, und ich liebe dich, weil ich dich erkenne", schrieb er. Erkennen und Lieben bilden eine Wechselseitigkeit. Je mehr ich von dir verstehe, desto tiefer dringst du in mein Herz ein und desto mehr möchte ich von dir wissen. Je mehr du mir als dein Wesen offenbarst, je mehr du an Schamgefühl und Scheu verlierst und dich mir wirklich zeigst, desto mehr wachsen wir zusammen. Das kann an jedem Tag ein Stück mehr sein. Das ist eine Bestätigung dafür, dass die Liebe nie aufhören wird und nie aufhören kann.

Heribert Körlings: Ich übersetze das Wort „Liebe“ mit „Ja“. Ich weiß und ich erfahre, dass ich aus der Liebe lebe, vom Ja anderer. Das Ja erlebe ich in zwischenmenschlichen Beziehungen. Es ist eine Teilhabe am Ja Gottes, am schöpferischen Ja Gottes. Dieses Ja vergeht nicht. Das heißt, die Erfahrungen des eigenen Jas, das ich erlebe und das ich dem anderen sage, münden ein in das ewige Ja Gottes. Die haben immer schon Anteil daran, und deswegen ist das für mich Himmel.

Eugen Drewermann: Genauso ist es. Liebe ist die bedingungslos gewordene Bejahung.

Heribert Körlings: Max Frisch hat in seinem Roman „Stiller“ dazu geschrieben: „Ohne eine Instanz jenseits menschlicher Dimension könnte ich nie wagen, frei zu sein.“ Dieses Ja setzt mich frei.

Eugen Drewermann: So ist es. Stiller beginnt mit den Worten: „Ich bin nicht Stiller.“ Es ist ein langer Weg, der beschreibt, wie man selbst wird. Um wirklich zu werden, muss man nicht Stierkämpfer werden. Man muss kein Held sein. Es genügt, dass man, wie Stiller, nur Töpfer ist. Mehr muss man gar nicht werden. Es stellt sich kein Künstleranspruch. Da zitiert Stiller Søren Kierkegaard, der genau das meinte. Man kann eigentlich nur zu sich selbst finden, wenn man ein absolutes Gegenüber hat und ein Gleichgewicht bildet zwischen Endlichkeit und Unendlichkeit, zwischen Notwendigkeit und Möglichkeit, zwischen Schuld und Vergebung, zwischen Himmel und Erde, zwischen Meer und Sonne.

Heribert Körlings: Der Himmel ist dieses Ja, das vollendete Ja, in dem niemand mehr Nein sagt. Mit dem Wort „Ja“ kann man dann bildhaft sehr schön deutlich machen, worum es bei der christlichen Hoffnung geht, ohne das zu verkitschen.

Eugen Drewermann: Unbedingt! Es ist ein Gott, der Ja sagt, ohne Nein (2 Kor 1,19). Sein Licht ist ohne Schatten. Genauso. Er ist nicht ambivalent. Das ist das Entscheidende.

Heribert Körlings: Seine Schöpferkraft überwindet den Tod. Deswegen steht bei Paulus, der Heilige Geist hat Jesus von den Toten auferweckt (Röm 8,11). Das ist der Schöpfergeist. Der Himmel als Ort des absoluten Ja bezeichnet die unverbrüchliche Beziehung Gottes zum Menschen. Da kommt für mich zum Ziel, dass der Mensch ein Wesen ist, das in Beziehung zum anderen lebt.

Eugen Drewermann: Wobei wir jetzt nochmal eine neue Antwort auf die Religionskritik Nietzsches erhalten. Wir können dieser Welt in ihren Grausamkeiten, Widersprüchen, absurden Ungeheuerlichkeiten, in ihrem Meer an Leid und Tränen nur standhalten, wenn wir von Gott ausgehen. Wir werden über diese Welt hinaus niemals zu dem Gott ohne Widersprüche, zu dem Gott der reinen Güte finden. Das ist ein Weg, der die Theologen immer wieder in die Irre geführt hat. Wir müssen, angeblich, vom ersten Schöpfungstag beginnend, mit Gott verkünden: „Und er sah, dass es gut war" (Gen 1,31). Dazu konnte Schopenhauer schon sagen: „Ich möchte nicht Gott sein. Das Leid der Welt griffe mir ans Herz."

Heribert Körlings: Das ist keine Qualitätsaussage, keine Aussage über die Eigenart des Geschaffenen. Ich verstehe das als Ausdruck der Wertschätzung: „Gott sah, dass alles, was er geschaffen hatte, sehr gut war" (vgl. Gen 1,31), das drückt am Schluss des Schöpfungsliedes das bedingungslose Ja Gottes zu seiner Schöpfung aus. Gott sagt vorbehaltlos Ja zu allem, was ist. Er sagt nicht: „Es ist alles qualitativ sehr gut.« Denn alles Geschaffene ist endlich, unvollkommen.

Eugen Drewermann: Es ist fast unmöglich für Theologen, die Schattenseite dieser Welt zu begreifen. Dabei kann, wie Sie richtig sagen, alles, was geschaffen ist, nur ambivalent sein. Einzig Gott ist nicht ambivalent. Darum kann man vom Nicht-Ambivalenten vielleicht ins Ambivalente übergehen, um ihm standzuhalten. Umgekehrt aber nicht. Man kommt in logischer Folge vom Ambivalenten niemals zum Nicht-Ambivalenten.

Heribert Körlings: Der Schöpfer zu sein heißt, zu allem, was ist, Ja zu sagen.

Eugen Drewermann: Es wird aber nie ein Gottesbeweis daraus. Das hat David Hume völlig richtig gesagt: Man kann aus einer endlichen

Welt nichts Unendliches beweisen und aus einer unvollkommenen Welt nichts Vollkommenes. Die kosmologischen Gottesbeweise können nicht funktionieren, weil sie logisch ihre Kompetenz übersteigen. Umgekehrt muss man angesichts der Unvollkommenheit der Welt an Gott glauben, um ihr standzuhalten, mit Blick auf etwas absolut Vollkommenes. Man muss die Ambivalenz der Welt überwinden, überlieben, übersteigen in Richtung des Nicht-Widersprüchlichen.

HERIBERT KÖRLINGS: Zu einem anderen Ja zu sagen ist schöpferisch. An Gottes Seite vollzieht man dann das nach, was Gott will und tut. Sein schöpferisches Handeln ist etwas, das er getan hat und immer noch tut. Er wirkt sogar über den Tod hinaus.

EUGEN DREWERMANN: Darum ist die Frage, was im Tode passiert, genau dies: Wir lernen, die Welt endlich mit Gottes Augen zu sehen. Damit beantwortet sich schließlich auch die Frage für jeden Einzelnen: Warum war das alles? – DOSTOJEWSKI konnte eine Geschichte schreiben im „Tagebuch eines Schriftstellers" von einem jungen Mann, der aus lauter Langeweile Selbstmord begeht. Er rechnet sich aus: Warum leben wir überhaupt, wenn es keine Unsterblichkeit gibt? Die Gesellschaftstheoretiker kommen und sagen, wir haben eine bessere Zukunft. Es gibt keine Unsterblichkeit, bilde dir das nur nicht ein. Aber du kannst hier leben, im Hier und Jetzt, du kannst die Welt verbessern. Dein Wert in der Welt behauptet sich, indem du dazu beiträgst, eine Zukunft zu schaffen, die für alle gerechter, freiheitlicher, menschlicher wird. Der junge Student fragt sich indessen, was denn das soll. Ungefähr wie IWAN KARAMASOW im Roman „Die Brüder Karamasow": „Es ist ja möglich, dass sich am Ende alle umarmen, aber ich bin damit nicht einverstanden. Durch welch ein Meer von Blut soll denn das erkauft werden? Wie soll man denn am Ende eine Geschichte loben, die sich nur mit einer Unzahl von Opfern hat verbessern können, die scheinbar für diese Revolution nötig waren? Ich will die endlose Selbstbetrügerei nicht mehr. Es gibt keine bessere Zukunft. Jedenfalls will ich sie nicht, wenn sie um dieser Geburtsschmerzen willen erzeugt werden soll. Und welche Ausreden gäbe es sonst noch? Sollen wir leben jetzt wie die Tiere – glücklich Nester bauen und uns vermehren?"

DOSTOJEWSKI hat das geschrieben, um zu sagen, dass ein Mensch, der nicht an die Unsterblichkeit glaubt, mit diesem Leben nicht zurechtkommen kann. Ein Selbstmörder aus Langeweile! Die Rezensenten seines Artikels schrieben sofort, das sei typisch DOSTOJEWSKI, das sei ja völlig unzeitgemäß. Wir leben heute doch in einer Zeit, welche die Fahne voranträgt. Die Leute in seinem Beitrag seien völlig verstaubte Charaktere. Wir glauben an die Zukunft, – so wie wir es in Deutschland aktuell in der sogenannten Zeitenwende glauben müssen, um politisch korrekt zu sein. DOSTOJEWSKI schrieb in seiner Antwort an seine Kritiker: „Ist denn nicht deutlich bemerkbar, was ich sagen wollte? Kein Mensch kann wirklich leben ohne den Glauben an die Unsterblichkeit in den Händen Gottes. Wie lebt denn ihr wirklich? Wenn ihr das alles nicht nötig zu haben glaubt, dann braucht ihr die Liebe nicht. Dann tröstet ihr euch mit Fortschritten, die nicht grausam genug sein können, um sie zu erreichen und um eure Vorstellung von dem Richtigen durchsetzen zu können. Wollt ihr so weitermachen? Oder fangen wir bei einem jungen Mann an, der, wie in meiner Erzählung, wirklich nachdenkt?" Dann bräuchten wir eine Hoffnung. Dann bräuchten wir einen nicht-widersprüchlichen Hintergrund von Liebe im Kontrast all der Widersprüche, denen wir standhalten sollten, indem wir an die Liebe glauben. Das ist die Weihnachtsbotschaft über den Fluren von Bethlehem: Nur die Menschen, die wirklich an Güte glauben, werden den Frieden auf Erden schaffen, der die Herrlichkeit Gottes im Himmel begründet (Lk 2,14).

Die notwendige Hoffnung

HERIBERT KÖRLINGS: Ich möchte noch ein Wort von HEINRICH BÖLL anfügen. Er sagt in einem Interview, der Mensch sei ein ‚Gottesbeweis', und zwar deswegen, weil keiner das Gefühl habe, er habe hier wirklich Dauer. Jeder, der nachdenke, werde sich klar darüber, dass er nicht ganz auf diese Erde gehöre. Es gebe einen Überschuss an Sehnsucht, eine unendliche Sehnsucht.

EUGEN DREWERMANN: So ist das. Wir haben Religion im Wesentlichen nur im Sichtfeld des Menschen auf sich selbst, nicht zur besseren Erklärung der Naturzusammenhänge in Konkurrenz zu den Naturwissenschaften. Die Natur hat keine Religion, und Gott braucht keine Religion. Aber wir Menschen haben sie unbedingt nötig mit diesem zentralen Inhalt: um an die Liebe und an das Leben zu glauben. Das sind die beiden Gründe für die Hoffnung auf Unsterblichkeit.

Paulus hatte völlig recht: Wenn es diese Hoffnung nicht gäbe, wenn sie nicht stimmen würde, wären wir die ärmsten aller Geschöpfe (1 Kor 15,19). Wenn dieser Trost sterben würde, könnten wir nicht leben. Lassen Sie mich das mit de Unamunos „San Manuel" noch ein Stück ausführen. Es ist die Geschichte eines Priesters, der nur gütig sein möchte, damit die Menschen getröstet sterben und in ihren Zerwürfnissen zueinander finden. Er vermittelt in gescheiterten Ehen. Er ermöglicht ein Vertrauen den Menschen, sodass sie gar nicht in den Beichtstuhl klettern müssen, um ihre Sünden zu bekennen, sondern einfach mit ihm reden, um zu gestehen, wer sie sind. Man führt ihm zum Beispiel einen Verbrecher zu. Der Staatsanwalt will, dass er mit ihm spricht, auf dass er gesteht, was er getan hat. San Manuel aber weigert sich: „Ich werde ihm keine Wahrheit entlocken, für die ihr ihn verurteilen könnt. Gebt ihr dem Kaiser, was des Kaisers ist. Ich bleibe bei dem, was ich Gott schuldig bin" (Mk 12,17). Zu dem vermeintlichen Verbrecher indessen sagt er: „Sieh zu, dass Gott dir vergibt. Das ist das einzig Wichtige." San Manuel macht sich nicht dienstbar in der Religion der Staatsmacht. Er glaubt weiter an die Menschen und dass sie sich verändern können, gerade im Begreifen von allem, was sie einmal sein mussten oder geworden sind. Dieser Priester tröstet die Menschen, indem er sie lehrt, an die Unsterblichkeit zu glauben, denn das brauchen sie. Es ist für sie der wichtigste Trost, den sie haben. In Amerika lebt ein Mann, namens Lázaro. Das ist jemand, der als aufgeklärte Persönlichkeit sich hervortut. Seine Schwester Angela schickt er auf eine Schule zu den Nonnen, die er eigentlich nicht mag, die aber gebildeter sind als die Lehrer in der Dorfschule in Valverde. Lázaro selber glaubt an nichts. Er entdeckt, dass San Manuel die entscheidenden Worte im Glaubensbekenntnis über die Auferstehung beim Gemeindegebet nicht mitspricht. Für de Unamuno ist dies der Kern seiner Novelle: Die Menschen können nur leben mit dem Glauben an Auferstehung, doch die aufgeklärte Vernunft wird gerade diesen Glauben infrage stellen. Gibt es nicht sogar Priester, die das nicht glauben, was sie glauben, sagen zu müssen, damit Menschen es glauben können? Ist das, was sie tun, jetzt eine Lüge oder ist das ein notwendiger Trost? Und ist es dann nicht die eigentliche Wahrheit des menschlichen Daseins?

De Unamunos Geschichte ist fast hundert Jahre alt. Ich würde natürlich unser Gespräch hier gerne mit diesem längst verstorbenen Dichter weiterführen, wenn ich ihn wiedersehe in jener anderen Welt. Ich würde mit Dostojewski sagen: Wenn es deutlich ist, dass Menschen anders gar nicht leben können als in dem Glauben an Auferstehung, ist das dann nicht durch sich selbst so etwas wie ein Wahrheitsbeweis? Muss man sie verdursten lassen, indem man ihnen erklärt, ihre Wasserquelle sei eine Fata Morgana? Darf die Wahrheit, die so deutlich in unserem Herzen lebt, nicht wahr sein, nur weil wir sie so dringlich brauchen? Wir brauchen auch bestimmte Vitamine, ohne die wir nicht leben können; ist es deshalb eine Lüge, zu denken, dass in der Zitrone Vitamin C ist, bloß weil wir Skorbut bekommen, wenn wir sie nicht essen? Müssen wir überhaupt alles, wovon wir leben, zu einer Lüge erklären, bloß weil wir es zum Leben dringend brauchen? Oder ist nicht die Wahrheit selbst gerade darin gelegen, dass sie sich mitteilt in unseren Bedürfnissen?

Ich drücke es nochmal anders aus. Man hat im Zeiss-Planetarium vor Jahren in Jena, als die DDR noch bestand, Versuche mit Zugvögeln gemacht, um herauszufinden, wie sie den Weg nach Süden finden können. Dabei hat man etwas Merkwürdiges beobachtet. Wenn man sie im Zeiss-Planetarium fliegen ließ, änderten sie nach den Sternbildern, die man ihnen vorstellte, ihre Flugrouten. Man erkannte, dass die Vögel, die noch nie nach Südafrika geflogen waren, sich an Sternbildern orientieren, die sie noch nie gesehen hatten. Von denen konnten sie auch durch Erziehung bei den Elterntieren keine Ahnung vermittelt bekommen haben. Mit anderen Worten heißt das, dass die Bilder der Sterne in den Köpfchen der Vögel eingeboren sind. Mit denen kommen sie auf die Welt. Die Tiere haben keine Ahnung, dass die Sternbilder am Himmel nur die Zusammenordnung von Fixsternsonnen vor unserem Wirbeltierauge sind und man sie je nach Kultur willkürlich zusammengestellt hat. Wir Menschen haben für die Sternbilder ganz verschiedene Namen, die Vögel natürlich gar nicht. Es genügt, dass sie die Sternbilder am Himmel sehen. Sie wissen nicht einmal, dass es gar keine Sterne gibt, sondern nur Fusionsreaktoren, die Wasserstoff zu Helium verschmelzen durch die Kraft der Gravitation und die dabei eine Energie ausstoßen, die als Lichtgestirn am Himmel erscheint. Die Vögel fliegen einfach nach dem, was sie sehen.

Wäre es analog dazu nicht möglich, dass PLATON auch insofern recht hätte? Wir Menschen tragen in uns genau solche Bilder zur seelischen Orientierung. Denen müssen wir folgen, um am Ende zum Zielort unserer Existenzbestimmung zu gelangen. Was wir über die Bilder selbst denken, mag widersprüchlich und vieldeutig sein, trotzdem folgen wir ihnen. Das müssen wir. Denn das ist unsere Wahrheit. Sonst werden wir nie nach Hause gelangen. Wer in dieses Vertrauen

Misstrauen sät, hat am Ende nur Vögel, die er in die Irre leitet. Es gibt diese Grundzuversicht: Was in uns lebt, um zu leben, ist die Wahrheit des Lebens selbst. Wer die verleugnet, vergiftet die Quellen des Lebens. Selbst, wenn er nicht glauben würde, müsste er anerkennen, dass es sich um eine Wahrheit handelt, aus der er selbst lebt.

Das ist, was ich DE UNAMUNOS SAN MANUEL vorwerfen würde: Er ist ein Pastor, der weiß, dass die Leute die Auferstehung glauben müssen, um zu leben. Aber er selbst muss das nicht glauben, weil er so schlau ist, das alles als Illusion zu erkennen? Das ist ein Hochmut, der sich selbst widerspricht. Außerdem büßt dieser Pfarrer eigentlich nur die Daseinsschuld ab, dass er auf der Welt ist. Von daher begreift er, dass er diese seine Schuld wiedergutmachen muss, indem er allen gut ist und ständig arbeitet, um zu vergessen, welche Zweifel, welche Hypotheken auf ihm liegen. Ich möchte diesen SAN MANUEL erlösen, auf dass er wirklich ein Heiliger wird, zu dem der Bischof ihn nur deshalb erklärt, weil er ihn nicht kennt. Seine Haushälterin ANGELA indessen, die ihn sehr verehrt, beschreibt ihn in der Wahrheit seines Unglaubens, den sie selber dank seines Einflusses aber nicht teilt.

Ein bleibendes Zuhause für alle

Ich würde im Jenseits gerne all diesen Autoren wiederbegegnen, von deren Büchern ich schon so viele genannt habe, um mit ihnen in die Diskussion zu kommen, die wir hier führen. Mit DOSTOJEWSKI, mit KIERKEGAARD, mit DE UNAMUNO, mit BERNANOS und übrigens auch mit FRANCIS JAMMES. Er, ein Baske, glaubte daran, dass wir als Menschen durchaus nicht alleine in den Himmel kommen. FRANCIS JAMMES betete darum, dass er mit seinem Hund in den Himmel komme, dass er dort hineingelange an der Spitze all der Esel, die so viel gelitten haben unter den Menschen. Einzug zu halten in den Himmel mit den unglücklichen Tieren zu dem gemeinsamen Glück aller Kreaturen, – das war seine Hoffnung und Überzeugung. Wir lieben auch die Tiere.

Schon die Ägypter wussten das. Für sie gehörten die Tiere genauso zur Jenseitswelt wie wir Menschen. Wir dürfen uns von ihnen nicht trennen. THOMAS MANN konnte das in seinem Josephsroman mit Worten wiedergeben, die begründen sollten, warum die Ägypter eigentlich so Merkwürdiges machen, dass sie ihre Götter als Menschenleiber mit Tierköpfen darstellen. Er lässt sie sprechen: So ist das doch!

Kommen ein Mensch und ein Tier zusammen, dann ist es ein Gott. Kommen aber ein Gott und ein Tier zusammen, dann wird es ein Mensch. – Auch in diesem Punkte könnten wir Weisheit von den Ägyptern gewinnen.

Heribert Körlings: Ich würde es gerne noch mit einem Bild aus der Romantik deutlich machen: Novalis, Friedrich von Hardenberg, schreibt: „Wohin gehen wir? Immer nach Hause."

Eugen Drewermann: So ist es.

Heribert Körlings: Dieses Zuhause verlängert sich. „Sehnsucht" danach ist vielleicht sogar ein zu negativer Begriff. Er kennzeichnet nur den Mangel. Es gibt aber die Freude darüber, zu Hause anzukommen. „Freude" drückt treffend aus, was gemeint ist. Das ist ein Vorschein des ewigen Zuhauses.

Eugen Drewermann: Umgekehrt ist es eine Verlockung, das Unendliche lediglich im Endlichen zu suchen und damit alle Hoffnung im Grunde zerstörerisch zu machen.

Heribert Körlings: Romano Guardini, ein wichtiger christlicher Autor, hat einen Satz geschrieben, der Erfahrungen auf dem Lebensweg zusammenbringt mit der Hoffnung, der Sehnsucht nach Vollendung: „Das ist der Gastfreundschaft tiefster Sinn, dass einer dem anderen Rast gebe auf dem Weg nach dem ewigen Zuhause."

Eugen Drewermann: Sehr schön. „Ich war fremd, und ihr habt mich aufgenommen. Ich war gefangen und ihr habt mich besucht, sagt Jesus in dem letzten seiner Gleichnisse" (Mt 25,35). Im Grunde seid ihr in meiner Gefangenschaft eurer eigenen begegnet und habt sie geöffnet durch Gemeinsamkeit. Wir gehen alle gemeinsam dem Himmel entgegen, Hand in Hand.

Ich möchte noch bei der Liebe und der Unsterblichkeit ein wenig bleiben und über Ovids „Metamorphosen" sprechen. Dort geht es unter anderem um Orpheus, der seine Geliebte Eurydike verloren hat und sie im Hades suchen geht, um sie zurückzugewinnen. Er rührt mit dem Spiel seiner Leier sogar den Gott des Todes, Hades, und seine liebe Persephone zu Tränen, sodass sie ihm Eurydike zurückgeben. Aber im fünfzehnten Gesang der „Metamorphosen" von

Ovid begreift Orpheus, dass er nicht wirklich etwas gewonnen hat. Die Rückkehr in diese Welt ist vielleicht das, was ein Arzt am Krankenbett bewirken möchte, doch es ist bestenfalls nur ein Zeitaufschub, keine Erlösung von der bitteren Endlichkeit unseres Daseins. Erst als Orpheus stirbt, begegnet er Eurydike wieder auf den Asphodeluswiesen, Hand in Hand diesmal, und es gibt kein Vor und Zurück mehr, sondern nur noch eine bleibende Gemeinsamkeit. Ovid besingt diese Erfahrung als Endpunkt all der Verwandlungsstufen, die er bis dahin anhand der antiken Mythen geschildert hat. – „Der Tod der Geliebten" – ein Gedicht Rilkes – könnte an diesen Sänger Orpheus gerichtet sein. Es lautet:

> Er wußte nur vom Tod, was alle wissen:
> daß er uns nimmt und in das Stumme stößt.
> Als aber sie, nicht von ihm fortgerissen,
> nein, leis aus seinen Augen ausgelöst,
>
> hinüberglitt zu unbekannten Schatten,
> und als er fühlte, daß sie drüben nun
> wie einen Mond ihr Mädchenlächeln hatten
> und ihre Weise wohlzutun:
>
> da wurden ihm die Toten so bekannt,
> als wäre er durch sie mit einem jeden
> ganz nah verwandt; er ließ die andern reden
>
> und glaubte nicht und nannte jenes Land
> das gutgelegene, das immersüße –
> Und tastete es ab für ihre Füße.

Wenn wir hören, „er glaubte nicht", dann denken wir, er widerspreche der Religion. Was Rilke aber vor über hundert Jahren bereits meinte, war die Feststellung, dass der Glaube unserer Zeit längst schon ein reiner Materialismus ist. „Du bist tot und dann kommt nichts mehr, von da ist noch keiner wiedergekommen." Das sagen wir den Jugendlichen bereits.

Die Neurologen erklären, eine Seele gebe es gar nicht, es gebe nur eine Neuronenmaschine, die mit dem Körper sterben werde. Also: Hört auf, irgendwas zu glauben. Zwei plus zwei ist vier, und der Tod ist endgültig. Bitte lernt das einmal. Werdet erwachsen.

Genau das aber kann man nicht glauben, wenn man jemanden liebt, würde Rilke sagen. Es kann nicht als wahr gelten für jemanden, der begreift, dass der andere gar nicht tot sein kann. Also geht er ihn suchen, also fühlt er sich mit allen, die bereits vorangegangen sind, zutiefst verwandt, also glaubt er nicht denen, die so sprechen, und setzt gegen ihren Unglauben eine Evidenz, die er in der Liebe kennengelernt und in eine bleibende Hoffnung verwandelt hat. Er nennt dieses andere Land, wo sie jetzt schon für immer ihr Mädchenlächeln haben, das immersüße, das wohlgelegene. Und so wird es sein Leben: die Fußspuren der Geliebten abzutasten, dass ihr Fuß sich nicht an einem Steine stoße (Mt 4,6 nach Ps 91,12), unterwegs zu dem Ort, wohin der andere uns schon vorausgegangen ist.

Für mich ist dieses Gedicht das schönste Liebeslied und die schönste Form der Verheißung der Unsterblichkeit, die ich in der Dichtung kenne. Ich könnte noch viele Gedichte rezitieren, aber dieses gefällt mir am besten. Denn es beantwortet den Zweifel, der in unserer Kultur tief eingebürgert ist, der inzwischen zum Schulunterricht gehört und der in jeder Zeitung steht. Die Verneinung der Jenseitshoffnung wird in den meisten Fernsehfilmen als wahrer Glaube vermittelt, in denen endlos getötet wird, in denen aber niemals die Frage auftaucht: Was soll ein Leben, das so endet?

In Wahrheit sollten wir leben wie jene Zugvögel. Sie haben keine Ahnung, was sie in Südafrika erwartet. Sie haben keine Ahnung, was Sternbilder sind. Sie wissen nur, dass sie ihnen folgen müssen. Sie folgen dem Sommer, weil sie in ihm ihre Heimat haben. Das müssen sie. Sie durchqueren die Sahara, sie erleben Sandstürme. Sie müssen das tun, weil es ihre Bestimmung ist. So ist es mit uns Menschen: Wir sind mit unserem Leben auf Erden unterwegs zur Unsterblichkeit.

Über den Sinn des Lebens nachdenken

HERIBERT KÖRLINGS: Ich möchte das gerne noch einmal auf die menschliche Rationalität beziehen, um auf den Einwand zu antworten, das alles sei nur gefühlig, sentimental. Jeder Erkenntnisvorgang fragt nach Sinn. Schon die Tatsache, dass ich nach Sinn frage und mich nicht zufriedengebe, könnte ein Verweis auf einen endgültigen Sinn sein, der mich dann auch erkenntnismäßig zufriedenstellt. Der Begriff des Erkennens ist da wichtig. Der ist im Jüdischen auch doppeldeutig. PAULUS sagt: „Dann werde ich erkennen, wie ich jetzt schon ganz erkannt bin" (1 Kor 13,13). Das ist sowohl rational als auch existenziell gemeint.

EUGEN DREWERMANN: Erkennen vollzieht sich in einer Synthese von Fühlen und Denken, doch diese Einheit ist leider in unserer Kultur sehr einseitig und zwiespältig geworden. Wir bilden die Schüler nicht aus in der Entwicklung von Gefühlen, sondern im Sachmaterial zum Aufnehmen von Erkenntnisinhalten. Wir haben eine Form von Wissenschaft ausgeprägt, die unsere Kultur vollkommen formt, ohne dass Gefühle darin eine Rolle spielen: die Naturwissenschaft. Sie betrachtet alles, was in der Welt vorkommt, in der Objektperspektive. Wovon wir bei Sinnsuche reden, ist jedoch überhaupt nur verständlich in der Subjektperspektive zwischen Ich und Du. Wir haben es also mit zwei alternativen Zugangsformen zur Wirklichkeit zu tun.

HERIBERT KÖRLINGS: Mit zwei alternativen Zugangsweisen auf die eine Wirklichkeit, die man beide nicht absolut setzen darf. Ich gebe Ihnen recht: Es gibt eine Tendenz, die sogenannten MINT-Fächer für ganz besonders wichtig zu halten. Aber ich habe während meiner mehr als dreißigjährigen Tätigkeit als Lehrer immer wieder erlebt, dass sich die Schüler persönlich für Themen aus dem Bereich Literatur und Religion interessieren. Für junge Leute spielen Weltdeutung und Ich-Du-Beziehung eine wichtige Rolle.

EUGEN DREWERMANN: Die Schüler werden dankbar sein, die MINT-Fächer zu übersteigen, weil deren wesentlicher Nutzungswert heute darin besteht, mehr als die Forschungsausgaben an Geld zurückzugewinnen und irgendwas mit den gewonnenen Erkenntnissen technisch anzufangen, also Technik, Produktion und Geschäft voranzutreiben. Wie Sie vorhin schon sagten, gilt aber: Das Sein ist wichtiger als das

Machen. Damit haben wir eine Daseinsdimension eröffnet, die in Politik und Wirtschaft kaum noch vorkommt und ökonomisch fast als Streik erlebt wird.

Und die Hölle?

Heribert Körlings: Schon die christlichen Philosophen des Mittelalters erkannten: „Agere sequitur esse. Das Handeln folgt auf das Sein."

Kann die Hölle ein Hoffnungsbild sein? Wie sieht das für Sie aus?

Eugen Drewermann: Es gibt ein Paradox. Die Bibel redet von Weltuntergang und dann auch von dem „Tag des Herrn", an dem ein Gericht stattfinden wird. Dabei soll es zu einer Polarität kommen: Die einen stehen auf und werden zur ewigen Verdammnis verurteilt – das ist die Hölle. Den anderen wird die ewige Seligkeit des Himmels zuteil. So wird etwa im Matthäusevangelium, Kapitel 25, Verse 31–46, im Gleichnis vom Weltgericht, der Menschensohn kommen und die Schafe und Böcke nach links und rechts sortieren. Wer eine gotische Kathedrale betritt, wird am Eingang genau diese Szenerie vor sich sehen. Das Jüngste Gericht findet statt. In die eine Richtung kommen Engel und führen die auferstandenen Verstorbenen in den Himmel. Auf der anderen, der linken Seite des wiederkommenden Christus sind es die Dämonen, die Teufel, die die Verdammten in die Hölle treiben. Diese hat bereits ihren Rachen geöffnet, sie alle zu verschlingen und aufzunehmen.

Diese Szenerie ist in mittelalterlichen Bildern immer wieder ein Motiv der Darstellung und hat sich in die Seele der Leute eingeprägt. Manche haben noch als Kinder gelernt, auf Lateinisch oder Deutsch zu singen, was Goethe benutzt am Ende von „Faust I". „Dies irae: Tag des Zornes, Schreckensstunde, flammend geht die Welt zugrunde nach Sibyll und Davids Munde. Welch ein Graun wird sein und Beben, wird der Richter niederschweben, strenges Urteil zu erheben. Und ein Buch wird aufgeschlagen, all darin sind eingetragen deine Sünd aus Erdentagen. Weh, was werd' ich Armer sagen, wenn Gerechte selbst verzagen?" Kann eine solche Untergangsszene, die Apokalypse, die totale Zerstörung der Welt, ein Zeichen von Hoffnung sein? Das kann ich nur erläutern, indem ich versuche, das apokalyptische Weltbild aus der Perspektive von Schizophrenen zu interpretieren.

Manche Psychotiker, manche bis zur Verzweiflung Leidende, sehen den Weltuntergang tatsächlich visionär vor sich, und es ist für sie ein Trost. Die Welt ist für sie unausstehlich, unerträglich, sodass sie nur wünschen können, sie gehe endlich zugrunde. Es wäre ihre Befreiung. Für ein solches Empfinden ist der Weltuntergang ein Trost, eine Hoffnung, so paradox sich das anhört, verbunden allerdings ständig auch mit einer Erneuerung der Welt. Nach der Katastrophe dieser Welt tritt eine andere, bessere als die Neue Schöpfung an die Stelle. So wird in vielen Religionen, sogar in der germanischen Edda, verheißen, dass nach dem Ende ein Neuanfang komme. Es gebe dann einen neuen Himmel. So schildert es auch das Neue Testament in dem letzten seiner Bücher (Apk 21,1).

Was aber hat all das jetzt zu tun mit dem Jüngsten Gericht und mit der Vorstellung von der Hölle, nach der die Schüler fragen? Es ist wahr, dass Jesus, im Matthäusevangelium vor allem, wo doch so viel von Vergebung die Rede ist, betontermaßen auch von der Hölle redet. Sieben Mal redet er davon, dass in der Hölle Heulen und Zähneknirschen sein werde (Mt 5,38; 8,12; 13,43; 13,50; 22,13; 24,51; 25,30). Das alles malt MATTHÄUS in solchen Bildern aus, um den Entscheidungsernst der Botschaft Jesu verbindlich vor Augen zu stellen. Ich glaube, man sollte dabei vor allem darauf achten, wann eigentlich Jesus von Himmel und Hölle spricht.

Die entsprechende Vorstellung stammt ursprünglich nicht aus dem Judentum, sondern aus dem alten Ägypten. Wir finden dort im vierten Jahrhundert vor Christus ein Märchen vor, das erzählt von SI-OSIRE, von dem Sohn des OSIRIS, des Gottes der Unsterblichkeit. SI-OSIRE hat ein Problem: Er sieht, wie jemand großartig bestattet wird, der eigentlich ein Schurke war. Dann wieder ist da ein armer Mensch, der fromm und gut gelebt hat, und der wird wie achtlos verscharrt. Also fragt er sich, wo denn da die Gerechtigkeit sei. In dieser Lage wird ihm bedeutet, dass der, der verscharrt wurde, durch die Unattraktivität seiner Beisetzung alles abgetragen habe, was er an Fehlern in seinem Leben begangen hat. Der andere hingegen, der großartig bestattet wurde, hat mit seiner Beerdigung bereits alles ausgezahlt bekommen, was er an Gutem getan hat. Diese Geschichte greift Jesus selber auf in der Erzählung von dem reichen Prasser und dem armen Lazarus (Lk 16,19–31). Mithilfe eines ägyptischen Märchens in jüdischer Überlieferung erklärt Jesus, wie man Himmel und Hölle verstehen könnte.

Jetzt muss man wirklich, um das Denken Jesu zu verstehen, ein Stück weit auf die Ägypter zurückgreifen. Sie haben von Himmel und Hölle eigentlich nur gesprochen, um zu zeigen, wie man die Hölle *vermeiden* könnte. Das haben sie damals vornehmlich kultisch versucht. Um 1500 vor Christus, in der Zeit des bereits erwähnten TUTANCHAMUN, im mittleren Reich, hatte man Formeln, die man im Totengericht korrekt aufsagen musste, um nicht bestraft zu werden. So musste man vor der Göttin der Wahrheit und der Weltordnung, vor der MAAT, bekennen: Ich habe keinen Esel leiden gemacht, keine Ente leiden gemacht, mit anderen Worten: kein Lebewesen unnötig gequält. Sogar als Gottkönig, als Pharao, als Abglanz der Sonne auf Erden, musste man so bekennen können: Ich habe keinem Kind die Milch weggenommen, ich habe keinem Flüchtling den Nachen gestohlen, ich habe niemanden behindert in dem, was ihn leben ließ. Mit einem Wort: Freispruch wird erteilt für eine Generalerklärung im Guten. Natürlich wusste man, dass all das Formeln waren, doch ihre Verwendung schenkte die Ruhe, die man brauchte, um getrost in die Ewigkeit einzugehen. So ungefähr dachten damals die alten Ägypter. Sie haben diesen Ansatz dann immer weiter moralisiert. Es findet zunehmend eine Trennung zwischen Gut und Böse statt, die sich streng moralisch orientiert.

Vor diesem Hintergrund ist es ganz entscheidend, dass wir im Neuen Testament einen Jesus erleben, der den Verlorenen nachgeht, der nicht fragt, was Menschen falsch machen, sondern wie sie dahin kommen, wenn sie etwas Falsches tun. Was ist in ihnen selbst falsch gewesen? Was hat man ihnen angetan, wenn sie anderen etwas Leidvolles antun? Wir müssen die Gründe des sogenannten Bösen begreifen. Wir können es schlicht sogar mit dem BUDDHA, um 500 vor Christus, sagen: Natürlich gibt es Gutes und Böses, aber beides hat seine Ursachen. Dann können wir leichthin lernen, dass Gutes nur aus Güte entsteht und Böses nur aus Ungutem, aus einer Boshaftigkeit, die verinnerlicht wurde, indem sie unseren Charakter geprägt und die Handlungsgewohnheiten festgelegt hat. Diese Hypothek muss man abarbeiten, wenn man Menschen helfen will. Die Welt selbst enthält, so gesehen, viele arme Teufel, die in der Hölle sitzen. Die Frage aber stellt sich, wie ich zu denen in die Hölle gehen kann, um sie aus ihrem Elend herauszuholen.

Hinabgestiegen in die Hölle

Das ist übrigens ein Bild, das man in der Ostkirche immer wieder findet, hingegen selten oder gar nicht im Westen, in der lateinischen Kirche. Es bezieht sich auf einen Text, der so nicht im Neuen Testament steht, wohl aber in dem apokryphen Nikodemus-Evangelium (Kap. XVII–XXVII), wo erzählt wird, was zwischen Karfreitag und Ostern passiert ist. Was geschah am Karsamstag? Jesus ist gestorben, und nun heißt es in dem neu formulierten Glaubensbekenntnis: „hinabgestiegen in das Reich der Toten". Das ist jedoch unsinnig, weil es pleonastisch ist. Jesus ist gestorben, er wurde gekreuzigt, dann muss er nicht noch „hinabsteigen in das Reich der Toten". Das hat er gerade getan. Ursprünglich indessen hieß es: „Hinabgestiegen in die Hölle, ad inferos." Und diese Vorstellung ergibt Sinn, sodass man in der Ostkirche zu Recht meinte, diesen wichtigen Vorgang auch bildlich darstellen zu müssen. Was zwischen Karfreitag und Ostern geschah, deutet aus, was beim Tode Jesu erzählt wird: dass die Erde unter den Füßen bebte und eine Welt erschüttert wurde, die nur Gewalt kennt und Lüge, die nur eine Zerstörung des Lebens betreibt (Mt 27,51). Es verfinsterte sich die Sonne (Mk 15,33). Es ist eine Finsternis, die ewig dauern wird, solange wir so fortfahren. Es ist die Offenbarung eben der Welt, die wir uns selber schaffen. Wenn wir Christus abzuschaffen wagen, ist das die einzige Welt, die uns übrigbleibt. Und genau das ist die Hölle. Die müssen wir nicht mehr suchen gehen. In der leben wir, und anders wollen wir es scheinbar gar nicht. Viele behaupten sogar, das sei unser Glück, ein Zustand, in dem wir gern sein möchten. Anscheinend wollen wir keine Erlösung, ja, wir brauchen sie überhaupt nicht. Wir sind, wie wir sind, und es ist vermeintlich unser Recht, so zu sein. Wir bringen im Verlauf der Geschichte jedenfalls jeden um, der uns das Gegenteil unserer Lebensform beibringen möchte und uns damit Schuldgefühle bereitet. Jesus ist in diese Hölle hineingegangen, und im Protest gegen seine Botschaft hat man ihn getötet. Jetzt müssen wir uns nur vorstellen, dass das ja nicht allein in seinem Leben, das öffentlich vielleicht zweieinhalb Jahre lang währte. Was sich darin malt, ist die ganze menschliche Wirklichkeit und es enthält eine Botschaft für alle Zeiten, für alle Menschen, die hier leben und geboren werden, inklusive derer, die vor Jesus gelebt haben. Auch von denen hat man gesagt, sie seien in der Unterwelt.

Was also ist der Sinn des Karsamstags? Einige Ikonen aus der orthodoxen Frömmigkeit stellen das dar, wie auf dem Titelbild dieses Buches: Jesus geht über ein Kreuz, wie wenn es sein Weg wäre, hinüber zu denen, die im Rachen der Unterwelt sich befinden, um ihnen die Hand zu reichen. An der Spitze ADAM und EVA, die ganze Menschheit, so wie wir sind. ADAM und EVA repräsentieren uns selbst als die Verlorenen, die durch eigene Schuld alles zerstört haben, womit sie im Vertrauen auf Gott hätten leben können, und Jesus reicht ihnen die Hand, um sie wiederzugewinnen in dem Vertrauen, dass der Himmel, das Reich Gottes, auch und gerade für sie gekommen ist. Indem Jesus durch Vergebung, Verstehen und Güte die Trennwände durchschreitet, macht er die Osterbotschaft wahr. Er kommt durch verschlossene Türen zu seinen Jüngern (Joh 20,19) – es gibt keine Wände mehr, durch die er sich nicht in die seelischen und körperlichen Blockaden unseres Daseins hineinbegeben könnte. Er holt uns heraus. Er reicht uns die Hand. Das aber tut er nicht erst *nach* seinem Tode, das war sein ganzes Leben, dafür wurde er getötet. Während der ganzen Zeit seines öffentlichen Auftretens hat Jesus über die Trennzäune der Welt seine Hand ausgestreckt und den Menschen gesagt: „Ihr lebt alle unter einem Himmel, an dem Gott seine Sonne scheinen lässt über Gerechte und Ungerechte und es regnen lässt über Gute und Böse“ (Mt 5,45).

Es gibt vor Gott keine Trennungen mehr zwischen den Menschen. Es gibt keine Berechtigung mehr für irgendeine Grenzziehung, auch keine Berechtigung also, auf Menschen mit Verurteilungen und Vorwürfen loszugehen. Das ist und war die ganze Botschaft Jesu. Darauf stand sein Todesurteil. Darum ist er in diese Welt hineingegangen, um uns aus dieser unserer Hölle zu befreien. Das hat er gemacht, als er hier unter uns lebte. Und es bildet unsere Hoffnung, wenn wir aufgehört haben, hier zu leben: Es gibt gar keine Hölle mehr, es gibt nur diesen einen Jesus, der seine Hand ausstreckt nach all den Verzweifelten, die er heimruft, weil sie nie eine Heimat hatten; er schenkt Hoffnung denen, die nie glauben konnten, dass sie je eine haben würden, indem sie bei allem, was Hoffnung zu sein schien, vermeintlich schon wussten, dass das alles nur eine Illusion, eine Fata Morgana sei.

Nehmen wir ein Beispiel. Ich rede mit einer kranken Frau, die dauernd Angst hat und nicht weiß, was sie machen soll. Ruft sie die Sterbehilfe? Davor hat sie Angst. Will sie sich weiter quälen? Das will sie auch nicht. Sie will aber auch nicht, dass man sie behandelt. Es kann und soll keine Hoffnung geben. So wie sie leidet, kann es keine Hoffnung geben. In ihren Augen ist alles endgültig. Soll sie sich in ihrem Körper jetzt noch dreißig Jahre quälen? Sie ist doch noch jung, sie hält das nicht aus.

HERIBERT KÖRLINGS: Das ist die Hölle.

EUGEN DREWERMANN: Das ist die Hölle. Aber wie erlöst man aus dieser Hölle? Ich weiß das häufig nicht, aber ich hoffe darauf, dass Jesus stärker ist als unsere Schwäche. Wir scheitern oft genug an den Grenzen, die wir hier in unserem Leben vorfinden. Aber zu denken, Gott sei genauso ein Stümper wie wir selbst und habe am Ende nichts Besseres zu tun, als die Menschen mit seinem Richterspruch zu trennen in Gut und Böse, das kann nicht richtig sein nach allem, was ich bei Jesus lernen durfte. Gott ist jemand, der uns alle versöhnt, indem er uns alle begreift und ergreift. Er nimmt uns bei der Hand und führt uns zusammen. Das ist die Hoffnung. Dann gibt es weder Hölle noch Verurteilung, sondern nur einen Himmel, in dem wir lernen, einander über alle Schranken hinweg zu verstehen. Das, was hier auf Erden ansatzweise wohl schon passiert in den Momenten, in denen wir wirklich gemeinsam glücklich sind, geht weiter in einem Reifen der Liebe zueinander ohne Grenzen, ohne Missverständnisse, vielleicht begleitet von einer gewissen Reumütigkeit, es so spät erst im Nachtrag zu lernen. Das ist ein Wachstumsschmerz, der zu jeder Reifung gehört, der sich aber vollzieht in immer tieferer Liebe und immer tieferem Verstehen dessen, was Gott ist. Und dann sehen wir einander mit Gottes Augen. Endlich wissen wir, was er sich unter uns vorgestellt hat.

HERIBERT KÖRLINGS: Das Ja Gottes zu mir selbst, das mir mein Ja ermöglicht, das Ja zum anderen und zueinander gehen weiter. Dieses Ja kennt kein Nein mehr. Das Nein existiert nur hier im Diesseits.

Das Jenseits – kein Prämiensystem

EUGEN DREWERMANN: Es taucht manchmal die Frage auf, ob nicht das Ganze, was da vom Jenseits erzählt wird, uns die Energie für das Diesseits rauben könnte und ob nicht das ganze Prämiensystem der Gerechtigkeit Gottes mit Lohn und Strafe in sich selbst bereits irreführend sei. Sie haben eben HORKHEIMER zitiert und dann auch mit der Gerechtigkeitsvorstellung um Sympathie für dieses Denken geworben. Indessen ist der Glaube an die Unsterblichkeit nicht mit Gedanken an Revanche und Vergeltung verbunden, wohl aber identisch mit der Zuversicht eines ständigen Reifens, auch über die Vergeblichkeit aller Gerechtigkeitssuche hier auf Erden hinweg.

Mitunter erzähle ich gerne das Märchen von Frau Holle. Da gibt es ein Mädchen, das alles richtig macht, die Goldmarie. Aber genau dafür wird sie von ihrer Stiefmutter, von Frau Welt, verstoßen. Voller Verzweiflung fällt sie hinab in den Brunnen und wacht drunten wieder auf einer Wiese auf, die ein Paradies sein könnte. Goldmaries Verzweiflung besteht in dem Eindruck, auf Erden unter der Herrschaft von Frau Welt niemals Gerechtigkeit bekommen zu können. Doch gerade dadurch kann sie lernen, die Welt anders zu sehen. Es kommt jetzt nicht mehr darauf an, Belohnung in Gerechtigkeit zu erfahren, sondern einfach zu tun, was jeweils in einer gegebenen Notlage dran ist. Da will im Sommer das Brot aus dem Backofen geholt werden. Da will der Apfelbaum im Herbst geschüttelt werden. Da will das Bett der Frau Holle aufgeschüttelt werden, und dann ist es Winter, denn es schneit auf Erden. Goldmarie tut nach dem Absturz von der oberflächlichen Betrachtung ihres Daseins, in der Tiefe ihres neu erwachten Bewusstseins, zu jeder Zeit, was jeweils dran ist, weil die Dinge es brauchen. Mehr braucht sie auch selbst nicht im Vertrauen auf den Hintergrund ihres Daseins. Im Märchen ist das die Frau Holle, für uns ist es die Güte Gottes, die uns lehrt, richtig zu leben.

Heribert Körlings: Aber nicht als Prämiensystem, sondern weil es angemessen ist.

Eugen Drewermann: Genau. Weil es stimmt. Weil es so gebraucht wird. Weil es in sich richtig ist.

Es gab eine Mystikerin im Islam, Rabia von Basra, um 800. Sie ging mit einem Wassereimer und einem Kehrbesen durch die Stadt, und man fragte sie, was ihr Gebaren bewerkstelligen solle. Was läuft sie da herum? Rabia sagte: „Ich möchte in die Hölle Wasser schütten und in den Himmel Erde werfen." Sie wollte sagen: Man soll aus Liebe zu Gott das Richtige tun und nicht in der Spekulation, was man dafür bekommt. Diese Haltung ist der wahre Himmel, im Diesseits wie im Jenseits. Man hat es nicht mehr mit Gerechtigkeit zu tun, sondern nur noch mit einer Liebe, die einen Freispruch für alle ermöglicht und die ganz und gar im Vertrauen auf Gott gründet.

Heribert Körlings: Man liebt um der Liebe selbst willen.

Eugen Drewermann: Auch das hat ein jüdischer Rabbi einmal seine Schüler gefragt: „Was heißt Gott lieben?“ „Dass wir beten, dass wir alles für ihn tun“, antworteten die Schüler. „Nein“, sagte der Rabbi, „dass ihr begreift, dass Gott euch liebt.“

Wir lieben in der Liebe Gottes. So meinte es Rabia von Basra, so meinte es dieser Rabbi. Wir sehen im Himmel alles mit Gottes Augen, und wir lernen es mit dem Blick in den Himmel anfanghaft schon hier auf Erden.

Heribert Körlings: Wir erreichen dadurch unsere endgültige Identität.

Eugen Drewermann: Genau. Wir wachsen zu uns selbst, indem wir miteinander zusammenwachsen.

Heribert Körlings: Martin Buber erzählt von Rabbi Sussja. „Am Ende aller Fragen“ heißt die Erzählung.

Rabbi Sussja lehrte: „Am Ende wird der Heilige, gelobt sei er, nicht fragen: ‚Warum bist du nicht Mose gewesen?‘ Er wird mich vielmehr fragen: ‚Warum bist du nicht Sussja gewesen?‘“

Das ist die Hoffnung, dass wir miteinander endgültig zu uns selbst kommen.

Eugen Drewermann: Absolut! Den Theologen, die jetzt sagen, das ist ja alles nur Selbstfindung und Psychotherapie, das hat mit Jesus überhaupt nichts zu tun, denen muss man Folgendes sagen: Jesus hat wesentlich Gott bezeugt, indem er die Angst der Menschen so beruhigte, dass er sie heilen konnte.

Heribert Körlings: Damit sie wieder zu selbstbestimmten Menschen wurden.

Eugen Drewermann: Ja, Jesus geht in die Dörfer Galiläas und heilt ihre Kranken. So lautet im Markusevangelium, Kapitel 6,7.11 der Aussendungsbefehl Jesu. Eine Theologie, die das nicht kann oder als Aufgabe verweigert, hat nicht entfernt begriffen, wie sie ihre eigene Erbsündenlehre auslegen sollte. Sie hat nicht begriffen, was Angst mit Menschen macht, die sie verwüstet bis hin zu Krankheiten, die sich in den Körper hineingraben. Das alles müssen wir an der Seite Jesu theologisch und seelsorglich aufarbeiten, statt zu sagen: Dafür haben wir Ärzte und Psychiater, das machen andere, das machen Neurologen, das geht uns nichts an, wir kümmern uns um die Seele. Wir dürfen als Theologen nicht von Menschen so reden, dass es praktisch gar keine Seele mehr gibt, allenfalls metaphysische Spekulation über Substanzialität und Qualität einer Geistseele.

Heribert Körlings: *Dient die Auferstehung Jesu nicht schon seit vielen Jahren als Wegweiser für viele Menschen, der Hoffnung schenkt und die Angst nimmt?*

Eugen Drewermann: Ja, genau. So ist es. Wer einmal aus einer tiefen Verzweiflung heraustritt, lernt etwas, das Gültigkeit bekommt. – Ich beantworte zum Beispiel fast alle paar Tage die Briefe einer Frau, die schwer unter psychotischen Zuständen gelitten hat. Ich muss es so glauben, wie sie es schreibt. Sie sagt, dass meine Briefe ihr geholfen hätten, zu Gott zurückzufinden und zu sich selbst. Sie schildert Geschichten, die unglaublich klingen, – Erscheinungen von Gott, die man natürlich in der Psychiatrie für Wahnsinn hält, aber für sie sind es Hoffnungsbilder. Sie ist ein Kreuz vor sich hertragend in die Psychiatrie gekommen. Dann hat man ihr das Kreuz weggenommen, weil das alles ein krankhafter Aberglaube sei. Sie aber hat sich an das Kreuz geklammert. Medizinisch freilich durfte man so nicht denken, man hatte die richtigen Tabletten zu schlucken, dann war vermeintlich alles in Ordnung. Für diese Frau aber war durchaus nichts in Ordnung. Sie hatte aus der Erlösung von den Zuständen ihrer Angst, ihrer Entfremdung, ihres Ausgeliefertseins, eine Festigkeit gewonnen, die ihr im Inneren Halt verlieh. So erzählte sie einmal: Jemand habe sie gefragt, ob er auch für eine beliebige Kinderei in die Hölle komme. Sie hat ihm immer wieder gesagt, für sowas doch nicht. Am anderen Morgen kam er wieder und zog ein Wägelchen mit Kinderpüppchen über den Gang der Psychiatrie hinter sich her. Die wurden ihm weggenommen. Sie aber fragte sich: Ist denn keiner der Ärzte imstande zu verstehen, was sich da begibt? Dieser Mann hatte gerade ein bisschen Vertrauen gewonnen: Psychologen würden sagen, dass er zur Kindheit regrediert sei; die Frau aber verstand ihn weit besser; sie sagte, er habe seine Unschuld wiedergefunden, die sie ihm durch ihren Freispruch ermöglicht habe. Er könne wieder neu anfangen zu leben. Das sei seine Gesundheit. – Für uns aber stellt sich die Frage: Ist das nun eine Sache, die wir den Psychiatern überlassen sollten, auf dass sie Tabletten verschreiben? Oder sollten wir als Theologen derartige Zusammenhänge im Umgang mit Menschen erkennen und aufgreifen? Wir würden Jesus dann wirklich in den Anforderungen der offengelassenen Fragen menschlicher Verzweiflung begleiten und die Heilungsgeschichten im Neuen Testament als Anregungen und Vorbilder für unser eigenes Verhalten verstehen.

Heribert Körlings: Auferstehung kann in unterschiedlichen Lebenssituationen hier und jetzt geschehen. In diesem Sinn ist die Auferstehung Jesu auch auf Situationen im Alltag zu beziehen.

Eugen Drewermann: Das ist so ähnlich wie bei dem Gang der Jünger nach Emmaus (Lk 24,13–33). Sie fliehen jene Stadt, in der man einen Mann wie Christus töten konnte: dabei hatten sie doch geglaubt, er sei der Messias. Nun aber geht er mit ihnen und erläutert ihnen den Sinn der Schrift: Musste nicht der Messias all das erleiden, um gerade so in seine Herrlichkeit einzugehen? Man hat ihn ermordet, weil er das gesamte Gottesbild zugunsten der Ausgegrenzten und Verbitterten ins Gütige und Ermutigende umgekehrt hat. Das aber heißt doch: Er ist und war auch und gerade in seinem Tode der Gesandte, der Messias Gottes. Also gilt: Die äußerste Verneinung hat eigentlich nur bestätigt, woraus wir wirklich leben und wie wir anders gar nicht leben können. Wenn wir das begreifen, sind wir unterwegs nach Emmaus und treffen Jesus als denjenigen, der mit uns am Tische sitzt, indem er uns die Gabe seines Lebens als Brot der Existenz schenkt.

Heribert Körlings: Die Lebensmittel des Auferstandenen sind das Brot und das Wort, er selbst und seine Botschaft.

Eugen Drewermann: Genau! Und dann heißt es: „Es gingen ihnen die Augen auf und sie kehrten zurück zu den Jüngern in Jerusalem und erläuterten ihnen, was sie erlebt hatten“ (Lk 24,31–33). Es war die Auffassung des Theologen Rudolf Bultmann, dass diese Erzählung von den Emmaus-Jüngern der Form nach den Ursprung der Ostergeschichten markiere, indem Jesus seinen Jüngern als der Auferstandene, als der Lebende erschienen ist. Das sagt auch Paulus und erzählt, wem allen Jesus erschien (1 Kor 15,5–8). Es war am Ende sogar Paulus, der aus seiner pharisäischen Rechtgläubigkeit heraus fast zum Mörder an den Jesus-Anhängern geworden wäre und vor Damaskus unter der Last der gnadenlosen Verfolgungsmentalität seiner Tora-Gesetzlichkeit zusammenbrach; in diesem Moment erschien auch ihm Jesus, und er musste erkennen, dass die Menschen alles andere sind als das, wofür er sie gehalten hat. Geglaubt hat er: Sie sind frei, sie können wählen, sie sind schuldig, wenn sie etwas Böses tun. Jetzt muss er sehen: Sie sind nicht einmal fähig, ihren Körper zu beherrschen; das lernt er selber gerade in einem schweren epileptischen Anfall. Sie sitzen nicht hoch zu Ross und können machen, was sie wollen (Apg 9,3–5). Sie bedürfen von Grund auf des Beistands der Gnade.

Neu anfangen

Der Mann aus Nazareth hat also recht: Man muss den Menschen nachgehen in ihrer Verlorenheit. Damit fängt das ganze Leben noch einmal von vorn an. Diese Erfahrung wird für PAULUS zum Wissen um die Auferstehung Jesu, zu einer Regeneration seiner ganzen Existenz, die ihm eröffnet, dass Jesus gar nicht tot sein kann. Denn er ist der Grund des Lebens. Er ist der Sinn, überhaupt zu leben. Er ist der Inhalt einer Erfahrung, die man der ganzen Welt zeigen muss, damit sie erfährt, woraus sie wirklich existiert: aus Güte statt aus Gesetzlichkeit, aus Gnade statt aus Gerechtigkeit. Alle Menschen brauchen das, weil sie Menschen sind. Für diese Überzeugung tut PAULUS ab sofort alles. Er gibt sie weiter. Und das Zentrum seiner Überzeugung ist die Auferstehung. Der Tod hat nicht das letzte Wort. Sie mögen Jesus getötet haben, aber sie haben sich geirrt. Sie haben nur gezeigt, dass sie töten können, aber wie man lebt, davon haben sie keine Ahnung. Deshalb verkündigt PAULUS den Tod und die Auferstehung Jesu, wo immer er es kann.

HERIBERT KÖRLINGS: Auferstehung, das den Tod überwindende Ja Gottes, ist und hat das letzte, entscheidende Wort an Jesus wie an PAULUS. Es begründet die Hoffnung bis heute. Für PAULUS hat sich mit dem Glauben an die Auferstehung Jesu seine ganze Welt geändert.

EUGEN DREWERMANN: Es ist wie bei MARIA MAGDALENA: Es gibt eine Erscheinung, eine Wirklichkeitserfahrung, die den Tod widerlegt. Das ist der Ursprung der Ostergeschichte. Ich glaube, da hat die historische Kritik nicht ganz unrecht. Eine innere, alles ändernde Erfahrung bildet den Anfang des Glaubens an die Auferstehung Jesu. Die Erzählung vom leeren Grab mag später hinzugekommen sein. Sie ist in die Vorstellungswelt ihrer Zeit hineingeraten und verbunden worden mit körperlichen Beweisen. Der Auferstandene kann essen, er nimmt Fisch und Honig zu sich, er kann berührt werden, und man kann ihn spüren (Lk 24,39–43). Diese Versuche eines empirischen Beweises für die Auferstehung enden gleichwohl bei JOHANNES mit der Aussage Jesu: „Glücklich sind die Menschen, die nicht sehen und doch glauben" (Joh 20,29). Es ist eine innere Erfahrung, aufgrund derer wir glauben, und nicht eine Tatsache, die zu betasten und zu betrachten wäre.

HERIBERT KÖRLINGS: Es ist eine innere Erfahrung. Manche Theologen sprechen von einem ‚Widerfahrnis'. Das ist etwas, das mir von außen widerfährt, aber eine innere Wirklichkeit ist.

EUGEN DREWERMANN: Wenn wir die Erscheinungen als innere Erfahrungen kennzeichnen, ist das für viele identisch mit subjektivem Trug. Wahr ist: Man mag Erscheinungserfahrungen mit neuronalen Vorgängen im Gehirn erklären, doch damit verlieren sie nicht ihre Bedeutung; entscheidend an ihnen ist die Botschaft, der Inhalt, der sich damit verbindet.

HERIBERT KÖRLINGS: Entscheidend ist meine Interpretation der Erscheinung.

EUGEN DREWERMANN: Ganz genau. Entscheidend ist, was in der Erscheinung mir als von Gott gegeben mitgeteilt wird. Die Botschaft an MARIA VON MAGDALA etwa lautet: Jesus lebt, und das ist der Grund für dein Leben. Anders hast du nie leben können als an seiner Seite, und so bleibt es für immer.

HERIBERT KÖRLINGS: Der Auferstandene spricht sie mit ihrem Namen an (Joh 10,16).

EUGEN DREWERMANN: Man sieht: Die persönliche Begegnung ist nicht das Nur-Subjektive an den Erscheinungen, es ist einfach eine personale Wirklichkeitserfahrung, die sich zwischen Jesus und dem Glaubenden über den Tod hinaus vermittelt. Sie bezeugt, dass Jesus selbst nicht gestorben sein kann. Die Auferstehung ist und war, wie wir sagten, auch für ihn selbst Wirklichkeit. Sie fand nicht statt im Glauben der Gemeinde, sondern sie hatte für Jesus selbst ebenso wie für uns als Glaubensinhalt eine alles entscheidende Bedeutung. Insofern pflege ich den Theologen gerne zu sagen: „Wenn ihr euch dauernd dafür interessiert, was denn mit dem Körper Jesu geworden ist, indem ihr fragt, ob das Grab wirklich leer gewesen sei, so hört doch die Engel den Frauen am Grab bei LUKAS sagen: „Sucht doch den Lebenden nicht bei den Toten" (Lk 24,5). Warum müssen wir Theologen uns immer wieder in die Suche nach historischen Fakten eingraben?

HERIBERT KÖRLINGS: Meine Schwiegereltern haben eine schöne, große Grabstätte. Zuerst ist der Schwiegervater gestorben. Wir sind mit der Schwiegermutter immer, wenn wir bei ihr zu Besuch waren, zu der Grabstätte gegangen. Jedes Mal, wenn wir dort ankamen, sagte sie: „Hier ist er nicht." Das ist für mich ein Bekenntnis zur Auferstehung im Bild des leeren Grabes.

EUGEN DREWERMANN: Genauso sagte ich es meinem Erzbischof in Paderborn, als er mich verurteilte, weil ich angeblich nicht an die Auferstehung glaube. Ich sehe das leere Grab in den Ostergeschichten überhaupt nicht leer. Es ist belebt von Engeln, die zu uns reden. Wie soll man Engel in einem offenen Grabe anders wahrnehmen als mit den Augen des Geistes! Mit Kamera und Handy werden sie nicht aufzunehmen sein. Es kann nicht stimmen, dass wir ein physikalisch leeres Grab brauchen, um an die Auferstehung Jesu zu glauben. Ich gehe zum Grab meiner Eltern und bin überzeugt davon, dass deren Körper längst dabei sind, sich aufzulösen, und ich sie mit einem Spatenstich nicht mehr ausgraben könnte. Aber ich glaube gleichwohl, dass sie im Himmel sind, dass sie auferstanden sind und dass ich sie wiedersehen werde. All das hängt doch nicht vom chemischen Zustand des Körpers nach dem Tode ab.

HERIBERT KÖRLINGS: Das Grab ist leer.

EUGEN DREWERMANN: Es ist längst leer, weil ich in ihm den Engel sehe, der mich an Auferstehung glauben lehrt.

HERIBERT KÖRLINGS: Es ist leer, obwohl der tote Körper dort liegt.

Eugen Drewermann: Ich sage es noch krasser. Wäre Jesus denn etwa nicht imstande gewesen aufzuerstehen, wenn die Römer, was durchaus möglich war, zur Vermeidung von Seuchen bei so vielen Hinrichtungen die Körper der Geschändeten und Hingerichteten in einer Kalkgrube verbrannt hätten? Ist wirklich die Historizität und Faktizität eines physikalisch leeren Grabes die Bedingung der Möglichkeit der Auferstehung Jesu? So steht es gerade nicht im Neuen Testament. Ich glaube an Auferstehung, weil ich glaube, dass unser Leben in Gottes Hand für die Ewigkeit geschaffen wurde und dass Gott zu seinem Versprechen steht, das er uns durch Jesus gegeben und in ihm erfüllt hat. Der Zustand des Körpers indessen kann in dem Zusammenhang keine wesentliche Rolle spielen. Ich glaube an das leere Grab in symbolischem, eigentlichem Sinne, weil ich nicht glaube, dass man den Toten im Grabe suchen muss; denn er lebt in Gott. So glaube ich an Auferstehung.

Heribert Körlings: Die Auferstehung ist nicht an einen bestimmten Ort gebunden.

Eugen Drewermann: Gewiss, es können durchaus Neurologen sich über die Erlebnisse von Erscheinungen hermachen und sagen: „Das ist alles Einbildung. Ein Produkt des Gehirns für sich selbst. Alles Wunschdenken, Illusion. Macht euch doch nichts vor.“ Wahr ist: Wir müssen mehr glauben, als diese Sorte von Scheinglauben sich selbst einredet, indem sie etwas Beweisbares haben möchte, an einer Stelle, wo einzig der Glaube selbst sich beweist, indem wir ihm Vertrauen schenken. Dann sahen wir schon bei de Unamuno: Wenn es dazugehört, dass Menschen die Sehnsucht nach Unsterblichkeit mitbringen, wenn sie geboren sind, ist dies in sich das beste Zeugnis der Wahrheit. Wenn wir aus der Güte, die mit dieser Überzeugung einhergeht, lernen, gütig zu sein und Menschen zu werden, kann es für uns nicht besser kommen, als indem wir daran festhalten. Das wäre Ostern, das wäre Himmelfahrt, beides in einem. Wir sähen dann endlich, dass Kaiser Konstantin nicht recht hatte, als er auf seine Münzen seine eigene Himmelfahrt aufprägen ließ, um zu sagen: „Ich bin der eigentliche Christus, ich habe gesiegt auf dem Schlachtfeld gegen Maxentius im Jahre 312.“

Der offene Himmel

HERIBERT KÖRLINGS: Die Apostel schauen während der Himmelfahrt Jesu nach oben. Sie starren in die Luft, werden aber von zwei Engeln sehr deutlich auf die notwendige Rückkehr in die Realität hingewiesen, im Vertrauen auf Jesus, der von Gott her zurückkehren wird. Die Apostel gehen daraufhin in die Stadt Jerusalem zurück (Apg 1,10–12). Das ist für mich im Gespräch mit den Schülern immer eine Möglichkeit gewesen, etwas zur Projektionstheorie FEUERBACHS und zur marxistischen Religionskritik zu sagen: Der Glaube an die Auferstehung und das endgültige Leben bei Gott hält uns gerade *nicht* davon ab, zur Veränderung im Diesseits beizutragen. Im Gegenteil: Durch diese Perspektive nach oben bekommt man die Dynamik, hier und jetzt, dort, wo man lebt, das zu tun, was man tun kann. Die christliche Soziallehre kennzeichnet das mit dem Wort „Solidarität".

EUGEN DREWERMANN: Und jetzt auch umgekehrt: Beim Blick nach oben sehen wir nicht länger mehr die Schranzen, die uns regieren: ALEXANDER DEN GROSSEN, KARL DEN GROSSEN oder wie sie alle heißen mögen. KONSTANTIN den Großen als den Inbegriff der Verdrehung von allem. Er verkörpert mit seinem Machtanspruch die klarste Leugnung dessen, was Jesus uns schenken wollte, und die Kirche hat das mitgemacht. Daran leiden wir noch heute. Wir schauen auf zu dem Christus, der das genaue Gegenteil von all dem ist, was wir auf der Welt hier als geschichtlich und politisch normal kennen. Das ist die Hoffnung, zu der wir in Jesus aufschauen, und wir glauben, von da werde er zu uns zurückkommen. Er steht zur Rechten des Thrones Gottes, um zu richten die Lebenden und die Toten; er ist der Maßstab zur Beantwortung der Frage: Leben wir richtig oder leben wir falsch? Das zeigt sich mit dem Blick zu ihm. So schaute der heilige STEPHANUS auf, als er gesteinigt wurde, um mit dem Blick auf den Christus Trost zu erfahren (Apg 7,55–56).

HERIBERT KÖRLINGS: Er kann das im Blick auf den offenen Himmel. Stephanus verkörpert den Glauben, dass man mit dem Blick auf den offenen Himmel, wo man den Christus zur Rechten Gottes sitzen sieht, auch den Tod annehmen und zu der Botschaft der Hoffnung stehen kann (Apg 7,54–59). Und mein Ja zum Leben vor dem Tod entspringt aus dieser Hoffnung.

Eugen Drewermann: Wir können zugleich durch Stephanus beten lernen wie Christus. „Rechne ihnen die Sünden nicht an, denn sie wissen nicht, was sie tun" (Lk 23,34). So spricht der sterbende Stephanus die Worte Jesu am Kreuz nach im Blick auf den Jesus, der droben am Throne Gottes steht (Apg 7,60). – Dann bleibt noch die Frage, was wir fünfzig Tage nach Ostern, zu Pfingsten, tun.

Tun, was notwendig ist

Heribert Körlings: *Welche Hoffnung haben Sie?*

Eugen Drewermann: „Hoffnung ist Glauben an das, was man nicht sieht" (Hebr 11,1), sagt Paulus. Ich sehe wenig Grund zur Hoffnung, wenn ich die Zeitung lese und die Nachrichten schaue. Im Gegenteil. Ich bin jetzt dreiundachtzig Jahre alt, und ich sehe nicht, dass sich, seitdem ich zu denken begonnen habe, die Welt auch nur ein Fünkchen gebessert hätte. Sie ist nach meiner Einschätzung sogar schlimmer geworden. Aber das ist für mich Teil des Glaubens an Christus: seine Botschaft dagegenzusetzen und nicht zu verzagen, sondern dabei zu bleiben. Das setzt voraus, dass ich keine Erfolgsaussichten erwarte. Ich muss keinen Weg wissen, wie wir es machen sollten, damit wir parteipolitisch irgendeine wählbare Mehrheit bei der nächsten Parlamentszusammensetzung bekommen, und wie wir eine Pressuregroup organisieren, die sich in den Medien durchzusetzen versteht, und wie wir Sponsoren gewinnen, die unsere Sache unterstützen könnten.

Die Wahrheit besteht im Eigenwert dessen, was man vertritt, wie im Märchen der „Frau Holle", wie in der Botschaft Jesu: Wir müssen verzichten auf die Illusion oder die falsche Hoffnung, es würde sich durch irdische Belohnung das Richtige schon wie von selbst auszahlen. Das Beispiel Jesu zeigt das Gegenteil. Auf äußeren Erfolg zu spekulieren ist gerade keine Hoffnung, sondern es kommt darauf an, sich selber treu zu bleiben.

Das ist jetzt sehr persönlich ausgedrückt. Ich möchte eigentlich, wenn ich bete oder Menschen mir sagen, dass sie für mich beten, damit Gott mich beschützen möge, dass sie in diesem Gottvertrauen zu Ende leben können, ohne zu wissen, was auf mich zukommen wird. Ich habe nicht einmal ein Versprechen dafür, was aus mir werden wird. Es können Dinge passieren, die sogar seelisch, psychisch oder psychiatrisch, neuronal, alles verändern könnten, – ein einfacher Schlaganfall genügt.

Ich möchte glauben, aber ich kann nicht einmal für meinen Glauben eine Bestands-Garantie übernehmen. Auch das muss ich letztlich Gott überlassen. Freilich, ich wünsche und erhoffe mir, dass ich bewahrt bleiben möge und als bewährt dastünde. Das ist der Grund, warum ich bete: dass es allen vergönnt sei, sich behütet und begleitet zu fühlen, die irgendwie in mein Leben einbezogen wurden und Verbindung dazu aufgenommen haben: Es möge regnen über sie alle, die Guten wie die Bösen, die Trostlosen wie die Getrösteten. Und die Sonne möge aufgehen über sie alle in einer Sonnenhelligkeit, durch welche ein Tag anbricht, der niemals endet.

Das ist eine Hoffnung, die sich ehrlicherweise vermitteln lässt, eine Zuversicht, dass das, was Jesus uns gebracht hat, die Wahrheit ist und dass man anders als nach seinem Vorbild gar nicht leben kann. C'est ça. C'est tout.

An die Hölle glauben?

Heribert Körlings: Wir haben bereits ein wenig über das Jenseitsbild der Hölle gesprochen. Das Gespräch setzen wir noch fort.

Eugen Drewermann: Wir *müssen* das Gespräch fortsetzen. – Mit der Höllenstrafe verdichten sich mehrere Komplexe, die dem Christentum im Sinne der Botschaft Jesu im Grunde jede Legitimation entziehen. Die neue Botschaft Jesu ist gerade die Veränderung des Gottesbildes. Jesus bringt einen Gott, der nicht ambivalent ist, der ein Licht ohne Schatten ist (1 Joh 1,5). Dieser Gott vergibt bedingungslos und geht den Verlorenen nach. Mit diesem für Jesus zentralen Bild von einem väterlichen Gott der unbedingten Güte, für das er hingerichtet wurde, vereinbart sich in keiner Weise die Idee eines strafenden Gottes, der bestimmte Menschen als Todsünder in alle Ewigkeit damit quält und foltert, dass er sie in die Hölle steckt. Der Kirchenlehrer Origenes erkannte dieses zentrale Missverständnis der dogmatischen Theologie und wurde dafür von der Kirche verurteilt. Solange aber die Kirche lehrt, dass man an die Hölle glauben muss, oder dass man zumindest glauben muss, dass die Existenz der Hölle möglich sei, verleugnet und verrät sie das Hauptanliegen der Botschaft Jesu.

Heribert Körlings: Auch andere Theologen denken wie Origenes, z.B. Hans Urs von Balthasar in seinem Buch „Was dürfen wir hoffen?".

Eugen Drewermann: Origenes erkannte, dass die Hölle leer ist. Diese Ansicht gab Hans Urs von Balthasar weiter. Sein theologischer Kollege oder Kontrahent, Karl Rahner, indessen erkannte, dass die Idee eines strafenden Gottes im Himmel die beste Legitimation für die Strafjustiz auf Erden bildet. Die Kirche entwickelte immer wieder das eine aus dem anderen, indem sie erklärte: „Gott ist gerecht." Das bedeutete für sie: Gott straft und belohnt, je nach Verdienst und Missverdienst. Gott sitzt zu Gericht und handelt wie ein Dorfkadi oder wie jeder Staats- und Strafanwalt der deutschen Justiz, nur ins Unendliche gedehnt. Die Idee, dass man in kirchlicher Ideologie und Erlaubnis von dem Ewigen her das Zeitliche rechtfertigt, ist in sich schon eine Ungeheuerlichkeit. Es steht in jedem Falle in klarem Widerspruch zu Jesu Anliegen der Erlösung von Angst und Schuld. Kein Mensch kommt mit einem Gott zurande, der ihn andauernd anschaut und verfolgt, der alles sieht, der alles kontrolliert und im Übertretungsfall nach Maßgabe seiner erhabenen Gesetze straft. Diese Vorstellung gründet sich auf das mesopotamische Keilschriftrecht und wurde vermittelt durch das Alte Testament und dann in der abendländischen Rechtsordnung durch die Römer weiterentwickelt. Es ist mit kirchlicher Absegnung bis heute in Geltung, aber unvereinbar mit Jesus.

Dagegen machte Karl Rahner immerhin geltend, dass es so einfach nicht sein kann. Was passiert, wenn staatliche Strafe zugefügt wird? Durch ein bestimmtes Fehlverhalten ist ein Übel eingetreten, und die Strafe besteht jetzt darin, ein anderes Übel dagegenzusetzen. Man vermehrt damit das Leid, indem man das durch die Straftat zugefügte Leid durch eine juristisch verfügte neue Leidzufügung abstraft. Man quadriert dadurch das Unheil, statt es abzuschwächen. Man maximiert das Übel, indem man im Kampfmodus dagegen angeht. Genau dagegen aber richtet sich das Verbot Jesu in Matthäus 5,39: „Leistet dem Bösen keinen Widerstand." Seine Begründung: Wenn ihr das macht, löst ihr kein einziges Problem. Ihr vergrößert vielmehr das Problem und werdet selber böse durch Hass, Revanchebedürfnis und Strafgerechtigkeit. Das darf und kann nicht mit dem christlichen Gottesbild vereinbar sein.

Die Höllenstrafe – Selbstbestrafung in Freiheit?

Dagegen machte RAHNER zu Recht geltend, dass Gott kein neues Übel hinzufügen muss, wenn er straft, sondern einfachhin konnatural den Menschen den natürlichen Folgen seines Tuns übergibt. Das, was der Mensch getan hat, bestraft sich selbst, und Gott sieht zu. Das aber ist erkennbar gerade nicht das Gottesbild Jesu, der dem Verlorenen nachgeht. Aus Gerechtigkeitsgründen überlässt Gott nach RAHNER den Straftäter sich selbst. Dabei geht er davon aus, dass Gott unbedingten Respekt vor der Freiheitsentscheidung eines Menschen hat. Entscheidet sich ein Mensch in seiner Freiheit für das Böse, entscheidet er sich selbst für die Hölle, und Gott muss diese Entscheidung aus Ehrfurcht vor der Würde der menschlichen Freiheitshandlung anerkennen und akzeptieren.

Was RAHNER in seiner Argumentation nicht vor Augen hat, ist die simple Frage, wie ein Mensch denn sein ewiges Unglück wünschen und sich in Freiheit dafür entscheiden kann. Was muss mit einem Menschen passiert sein, dass er die Hölle dem vorzieht, was bei RAHNER der Himmel wäre in der Liebe Gottes? Man könnte RAHNER eine Menge an Entscheidungsvoraussetzungen zeigen, die das Unglück von Menschen bedingen, welche die Liebe verweigern, ja geradezu fürchten, weil sie als Kinder schon die Liebe in einer Art kennengelernt haben, dass sie davor am liebsten weglaufen mochten. Nicht schon wieder diese Art von Liebe! Ein Kind, das von seiner Mutter geliebt, aber von ihr völlig verschlungen worden ist, hat die Liebe eines Vampirs kennengelernt. Ein solches Kind hat gelernt, in seinem weiteren Leben Liebe zu vermeiden. Die Freiheit, die man sich dabei in Bindungslosigkeit erhofft, ist die Unfreiheit einer Gefangenschaft in der alten Kinderangst.

Man muss RAHNER deshalb sagen, dass es eine Freiheit, wie er sie unterstellt, gar nicht gibt. Wenn Menschen sich ihr eigenes Unheil zu wählen scheinen, drücken sie im Grunde das Höchstmaß ihrer inneren Unfreiheit aus. Es ist nicht möglich, dass ein Mensch die Hölle wählt, außer er ist ein armer Teufel, der sein Leben lang gequält wurde. Dahinein kam Jesus, indem er über sein eigenes Kreuz hinweg den Weg in den Abgrund ging, um die Menschen aus ihrer Hölle herauszuholen.

In unserer heutigen Strafordnung wird staatlicherseits der Begriff der Freiheit übrigens seit den Tagen des ARISTOTELES in der „Nikomachischen Ethik" wie ein Fetisch zur Entschuldigung des Strafrechts vor uns hergetragen, trotz der Erkenntnis, die wir inzwischen vor allem vonseiten der Psychoanalyse und der Neurologie hätten erlangen können. So steht es bei ARISTOTELES: Alle Staaten strafen, und deshalb darf man an dieser Stelle kein Verständnis für Zusammenhänge oder Gründe haben, die einen Straftäter in das Böse geführt haben. Die Menschen sind frei und also verantwortlich für das, was sie tun und tun wollen. Dieses aristotelische Konzept geht völlig abstrakt an der Wirklichkeit des Menschen vorbei, doch es ist derart unbelehrbar in der Rechtfertigung der Strafjustiz und -praxis, dass der Staat sich dieses System bis heute erhalten hat. Umso mehr muss man gegen die bestehende Rechtspraxis angehen. ARTHUR SCHOPENHAUER erklärte den Begriff der Freiheit als empirisch nicht nachweisbar und als triebdynamisch für unmöglich. SIGMUND FREUD meinte ganz entsprechend um 1910, wir müssten in der Psychoanalyse den Begriff der Freiheit als eine zu stolze Fahne vom Masten holen und durch den Begriff der Determination ersetzen: Er erkannte, wie die Dynamik im Unbewussten abläuft. Nicht von Freiheit ist da die Rede, sondern es gibt in endlosen Kreisläufen gewisse vom Bewusstsein unkontrollierbare starke Triebenergien, Wiederholungszwänge und Mechanismen aus frühen Kindertagen in Übertragungen auf andere. Nur wenn wir diese Mechanismen ignorieren, können wir behaupten, der Mensch sei frei. Dennoch tun wir genau das im Strafprozessrecht.

Dabei kommt vor Gericht die forensische Psychiatrie zum Zug. MICHEL FOUCAULT hat ausgiebig erläutert, wie die Psychiatrie sich in der Gesellschaft breitgemacht hat. Psychiatrie ist methodisch eine Naturwissenschaft, die den Begriff der Freiheit kategorisch eigentlich gar nicht kennen kann. Sie ist gleichwohl in Funktion der Strafjustiz des Staates dabei behilflich, Menschen zu verurteilen. Sie behauptet, dass Freiheit zwar nicht beobachtbar und wissenschaftlich feststellbar ist, aber man kann sie hypothetisch voraussetzen. Wir haben, erklärt die forensische Psychiatrie, die Möglichkeit, die Einschränkung der Freiheit zu quantifizieren. – Es ist eine weitere sehr problematische Idee, dass man Freiheit in quantitativen Maßstäben rauf und runter klassifizieren könnte. Jemand hat Alkohol getrunken oder ist drogenabhängig, er war traumatisiert, er hatte einen Affektstau. Das alles kann Freiheit einschränken. Das ist zweifellos richtig. Aber warum wurde er zum Alkoholiker? Wie kam es zu dem Affektstau? All das hat eine lange Vorgeschichte, die den Psychiater indessen kaum interessiert. Die Person hatte eine schlimme Kindheit? Das haben viele. Dass er schuldig wurde, ist seine Sache. Er als Person wusste genau, was gut und was böse ist, und doch hat er sich für das Böse entschieden; er ist über achtzehn Jahre alt, er ist volljährig, also voll schuldfähig. Da die Person psychiatrisch nicht krank ist, ist sie uneingeschränkt zur Verantwortung zu ziehen. Im Gesetzbuch kann man nachlesen, wie sein Tun dann strafrechtlich eingeordnet wird.

In Wahrheit ist das eine Missachtung der psychologischen Kenntnis, die wir verhindern müssten. Es steht im Widerspruch zu dem, was wir heute naturwissenschaftlich wissen können, wenn wir trotzdem das alte Strafrecht aus den Tagen des ARISTOTELES weiterführen. In der Neurologie sehen wir seit den bildgebenden Verfahren der letzten 30 Jahre, was im Kopf an den Stellen passiert, an denen vermehrter Blutfluss bei hoher Aktivität des neuronalen Geflechts notwendig wird. Wir erahnen, an welchen Stellen diese Aktivierungen etwa auf Angst antworten. Wir sehen die Tätigkeiten der Amygdala und des Hippocampus, wenn Informationen aufgegriffen und zur Einspeisung in das Gedächtnis weitergeleitet werden. Die meisten Neurologen sagen, dass die schlimmsten Verbrechen, wie Triebverbrechen, Vergewaltigung und Mord, am allerwenigsten mit Freiheit zu tun haben. Diesen Verbrechen geht ein langer Triebstau voraus, ein Hämmern zwischen den Schläfen, eine Idee, die als fixe Eingabe nicht mehr vom Willen beherrscht wird. Eine Situation entsteht, in der ein Gegenwille das Problem des Rückstaus sogar noch vermehrt. Wie kann man Menschen von außen schuldig sprechen, die das Opfer ihrer selbst sind?

Und jetzt vor allem: Wie kann man Gott im Himmel zutrauen, dass er dort sitzt und den Menschen wie teilnahmslos für frei erklärt und ihn sich selbst überlässt? Obwohl wir als Menschen untereinander schon begreifen können, dass wir es im Grunde bei den sogenannten Verbrechern mit armen Teufeln zu tun haben! Was Menschen machen, kann furchtbar sein, es kann die Bezeichnung teuflisch verdienen und ein ungeheuerliches Ausmaß annehmen. Manchmal erlauben wir uns dann zu sagen: „Das ist kein Mensch mehr, das ist ein Tier." Damit aber beleidigen wir die Tiere, die nicht so handeln, doch wir anerkennen immerhin, dass von menschlicher Freiheit keine Rede ist.

Die Tragödie der Unfreiheit

Untereinander verstehen wohl alle Menschen ein Stück dieser Tragödie. Darum bitte ich die Kirchentheologen, dass sie in das fünfte Jahrhundert vor Christus zurückkehren, auf den Abhang der Akropolis, und sich in die Zuschauerreihen des Dionysostheaters von Athen setzen.

Dort hat man die Kunstgattung der Tragödie erfunden, die für die abendländische Dramaturgie wegweisend wurde. Man schildert in einer Tragödie Menschen, die in ihren Zwängen unfrei sind, die schuldig werden, ohne es zu wollen, Menschen, die wie schicksalhaft gelenkte Marionetten zu Ungeheuerlichkeiten genötigt werden. Geschildert wird das mit dem Wissen etwa eines Euripides Ende des fünften Jahrhunderts, der auf erschütternde Weise beschreibt, wie viel an innerer psychischer Dynamik sich unfreiwillig, aber zwanghaft in seinen Charakterfiguren abspielt. Wer das vor Augen hat, von dem, meinte Aristoteles später, gehe eine Erschütterung beim Betrachten des menschlichen Unglücks aus, sodass er das gezeichnete Schicksal annähernd als eine Möglichkeit im eigenen Erleben zu begreifen vermag. Wenn das so ist, lässt die griechische Tragödie sich als ein einziger Appell begreifen, zu verstehen, anstatt zu verurteilen. Was dem Zuschauer im Dionysostheater in Athen 500 Jahre vor Christus zugetraut wurde, sollte zweitausend Jahre nach Christus denen, die sich nominell zu Christus bekennen, nicht nur als zumutbar, sondern als Pflicht erscheinen: Verstehen statt Verurteilen. Einfühlen statt abweisen.

Ich entsinne mich, wie wir in Paderborn Anfang der Sechzigerjahre in Moraltheologie erzogen wurden. Es ging um die Wiedereinführung der Todesstrafe. Es ging darum, den Atomkrieg als ein Zeichen des Gerechtigkeitswillens Gottes zu rechtfertigen. Ich wusste, dass das alles so nicht stimmen kann: Wie kann man absolut über Menschen richten? – Ich setze es nicht gleich, ob man jemanden tötet oder fünfzehn Jahre ins Gefängnis sperrt, zweifellos ist es nicht dasselbe. Und doch ist es vergleichbar. Man verfügt über eine Ausschlussstrafe, die den Menschen als soziales Wesen vernichten soll. Wie kommt man nur dahin? Antwort: mit dem Begriff der Gerechtigkeit! Und worauf bezieht sich der Begriff? Auf das, was jemand getan hat.

Ich sagte damals dem Dozenten für Moraltheologie in Paderborn: „Es ist so einfach. Sie sehen lediglich auf die Hände, die eine Handlung vollziehen. Und dann haben Sie den Gesetzeskatalog mit den

Strafen vor sich, die für solche Taten vorgesehen sind. Sie müssen lediglich das eine auf das andere beziehen. ‚Das war die Handlung, das ist die Strafjustiz, das sind die Paragrafen, und nun fälle ich das Urteil.' Das Unrecht liegt darin, dass Sie eine Handlung beurteilen, und mit dieser Begründung einen Menschen, einen Täter, bestrafen, in dessen Herz Sie nie geblickt haben. Was in dem betreffenden Menschen vorgeht, ist Ihnen vollkommen egal, weil Sie ja die Handlung kennen. Sie wissen, dass seine Handlung schlecht ist. Sie ist in Ihren Augen moralisch zu verurteilen und dann juristisch zu bestrafen. So einfach ist das. Diese Methodik aber, mit Menschen umzugehen, tötet, noch bevor Sie das Todesurteil aussprechen. Begrifflich haben Sie den Menschen als Täter und Person bereits abgeschafft, indem Sie ihn auf seine Handlung reduziert haben. Er ist für Sie nichts als seine Handlung und damit das Objekt Ihrer juristischen Maßnahmen. Sie müssen den Menschen überhaupt nicht als Person kennenlernen. Was er erlebt hat, wie er groß geworden ist, was psychisch in ihm vor sich ging, wie er zum Opfer wurde, ehe er andere zu Opfern machte, kann Ihnen völlig unerheblich sein. Es ist die Handlung, die falsch war. Dafür entschied er sich, weil er vermeintlich frei ist. Die göttliche Wesenheit gab ihm die Freiheit. Und nun steht er verantwortlich vor Gericht. Und Sie sprechen sich die Pflicht zu, ihn im Namen Gottes und der staatlichen Gerechtigkeit zu strafen.

Eine wunderbare Ordnung ist das. Sie schaffen den Menschen ab und erklären dann mit Ihrer Bejahung der Todesstrafe, es hätte ihn am besten nie gegeben und es dürfe ihn in alle Zukunft nicht mehr geben. Auf dem Friedhof soll er bestattet sein, ohne Kreuz und Namen. – Glauben Sie im Ernst, das sei die Botschaft Jesu? Was Sie da lehren, ist nicht einmal die alte heidnische Phantasmagorie des Schuldstrafrechts. ARISTOTELES wusste im Umgang mit der Tragödie ganz offensichtlich mehr vom Menschen, als Sie in seiner Strafjustiz aus der Nikomachischen Ethik ableiten. Ihr Konzept stimmt weder juristisch noch humanitär noch philosophisch noch rechtstheoretisch. Wir müssten den Begriff der Freiheit als ein bloßes Axiom zur Kenntnis nehmen, für das wir keinerlei Beweise haben. Wir müssten uns selbst infrage stellen, um aufzuhören, Menschen derart infrage zu stellen, dass wir sie mit der Rechtfertigung der Todesstrafe vernichten. Das Ganze muss enden, die Todesstrafe ebenso wie das ganze System des Schuldstrafrechts."

Die Eiseskälte der Hölle

Der Schlüsselbegriff lautet in unserem Zusammenhang: Höllenstrafe. Wir sollten uns die Auffassung von dieser Höllenstrafe also noch etwas weiter ansehen. Wir sagten bereits, die zweite Seligpreisung lautet: „Ich nenne die Menschen glücklich, die noch weinen können" (Lk 6,21; Mt 5,4). Das ist eine höchst ungewöhnliche Aussage, weil wir Menschen, die trauern können und von ihrem Leid zerrissen werden, nicht gerade als glücklich bezeichnen. Jesus aber bezieht sich auf den Kontrast zur Normalität der Welt, in der wir leben. Wann erlaubt man uns tragische oder traurige Gefühle? Wann je erlaubt man uns Tränen?

Kein Geringerer als DANTE ALIGHIERI erkannte die Unmenschlichkeit einer solchen Lebensform. Er beschrieb in seiner Göttlichen Komödie im untersten Kreis der Hölle das Inferno als abgrundtief kalt. Menschen stehen dort eingesunken bis zur Hüfte in einem Morast, der unter dem kalten Hauch einer immer klappernden Mühle zu Eis gefroren ist. Die Tränen auf den Gesichtern der leidenden Menschen haben sich zu Eismasken verwandelt.

Mit diesem Bild vor Augen muss man sagen: Jesus möchte, dass diese Eismasken der Kälte, der höllischen Einsamkeit, der Coolness, wie wir jugendsprachlich heute geradewegs bewundernd sagen, dass wir die totale Gefühlsausschaltung und Gefühlsarmut überwinden. Wir sollten die Eismasken mit unseren Händen, solange sie noch wärmen können, auftauen und in Tränen zurückverwandeln. Das war das Bemühen Jesu. Es ist und wäre das Ende der Hölle. Denn worin bewegen wir uns? In ebenjener Wirklichkeit, in welcher Jesus sagen muss: „Ich nenne glücklich die Menschen, die wieder fähig werden zu weinen, die *noch* weinen können." Alles in unserer Welt würde sich ändern, wenn wir das begreifen würden. – Stattdessen überlegen wir, ob kybernetische oder künstlich-intelligente Maschinen fähig wären, Gefühle zu haben. Schon eine solche Frage ist verrückt, wenn wir gleichzeitig den Menschen ihre Gefühle absprechen. Wir verfolgen seit den Zwanzigerjahren des vergangenen Jahrhunderts in den USA die Psychologie des Behaviorismus und behaupten, dass wissenschaftlich nur sei, was empirisch mit den Sinnen sich beobachten lasse. Gefühle lassen sich bekanntlich nicht feststellen. Man kann Gefühle mit dem äußeren Sinn nicht objektiv beobachten. Daher stellen Gefühle im Rahmen dieser Methodik nur eine Hypothese dar, die wissenschaftlich unbeweisbar ist und deshalb ausgeschieden werden muss. Gefühle sind mithin eine bloße Hypothese, die wir uns nicht zu eigen machen sollten. Es gibt sie nicht, denn wissenschaftlich können wir nur Bewegungen beobachten. – Das können wir auch bei Computern beobachten. Die Hypothese könnte jetzt lauten, wenn sich Computer langsam bewegen, sie seien müde, oder, wenn sie sich rasch bewegen, sie hätten Angst. Das alles ist natürlich Unfug. Die Wahrheit ist, dass man Gefühle nur von innen wahrnehmen kann. Der Erfahrungsraum ist die Empathie. Die Subjektivität der Empathie hat gewiss neuronale Voraussetzungen. Wir dürfen aber mit der Neurologie nicht von außen nach innen blicken wollen. Wir müssen im Gegenteil das, was wir von außen sehen, von innen her interpretieren. Wir müssen die Methode umkehren, damit wir das Verstehen von Menschen an die Stelle des Erklärens setzen. Erst dann hätten wir Zugang zu der Hilflosigkeit, in der sich Menschen befinden können. Wir würden dann erkennen, dass die Welt voller armer Teufel ist, und verstehen, was Jesus im Neuen Testament tut. Dort wird berichtet, Jesus habe Dämonen ausgetrieben. MARIA VON MAGDALA zum Beispiel war laut dem achten Kapitel bei LUKAS (Lk 8,2) von sieben bösen Geistern besessen, ehe sie Jesus traf. Im fünften Kapitel bei MARKUS treibt Jesus am See Genezareth einem Mann eine ganze Legion von Dämonen aus, – eine unheimliche Geschichte, an der wir sehen, womit wir es zu tun haben, wenn wir vom Teufel reden.

Der kirchliche Exorzismus – Ausdruck des Teufelsglaubens

Besessenheit und Dämonie bilden im Kirchenglauben eine Form der Entmächtigung des Menschen. Eine solche entsteht laut Dogma überfallartig durch die Geister des Bösen, die wir Teufel nennen. Auch das ist eine Vorstellung, die sich zu diesem Themenumfeld in der Kirche erhalten hat: Man kann Dämonen durch entsprechende Exorzismen austreiben. In Polen gibt es dafür sogar spezielle Ausbildungen. Dort wird gelehrt, welche Formeln man sprechen muss, um Macht über die bösen Geister zu gewinnen. Das ist – man kann es kaum anders sagen – pure Ritualmagie und Aberglaube. Hätten wir einen wirklich vernünftigen und aufgeklärten Staat, so müsste er der Kirche in diesen Formen des Glaubens an ein Böses, das von Menschen Besitz ergreifen kann, längst das Handwerk gelegt haben. Wenn wir uns gegenübersitzen, sind wir nach dieser Doktrin nicht sicher, ob in dem anderen oder in mir selber nicht der Teufel gegenwärtig ist. Das sind ungeheuerliche Vor- und Unterstellungen, die auf der Ebene der Psychiatrie in das Gestaltbild einer Paranoia gehören. Sie sind Teil einer schweren seelischen Erkrankung; da geht es um Psychopathologie, doch nicht um Dämonologie.

Das ist ein schwerer Vorwurf, den man der Kirche machen muss: Sie hat wie im Mittelalter, wie im 16. Jahrhundert, in den Tagen MARTIN LUTHERS, anstatt Psychologie, Dämonologie beziehungsweise Pneumatologie betrieben. Was der Kirche gefiel, kam ihrer Meinung nach vom Heiligen Geist, was ihr nicht gefiel, kam vom Teufel. So einfach war und ist das. In der Sprache MARTIN LUTHERS kämpfen da Gott und Satan miteinander, und ihr Schlachtfeld ist die menschliche Seele. Eine solche Anschauung kann man einem Mönch im 16. Jahrhundert nicht zum Vorwurf machen. Aber Theologen im 21. Jahrhundert muss man es zum Vorwurf machen, wenn sie immer noch so denken. Sie müssten sich um die Seele des Menschen psychologisch kümmern, statt sie zu spiritualisieren, zu metaphysizieren und zu dämonisieren zum Machterhalt in Angst und Abhängigkeit.

Jesus heilt einen besessenen Menschen

Was wir in MARKUS, Kapitel fünf, bei der Heilung des Besessenen in Gerasa (Mk 5,1–20) sehen, ist in der Breite, in der MARKUS es schildert, ein erschütterndes Dokument menschlicher Ausgeliefertheit. Die Rede geht von einem Leben in Grabhöhlen. Für die meisten Theologen scheint diese Angabe keine Rolle zu spielen. Doch stellen Sie sich einen Menschen vor, der dort lebt, wo kein Leben ist. Ein solcher lebt ständig mit dem Tod vor Augen; er ist vollkommen unfähig, selber zu existieren.

Wie ein solches Leben im Grabe aussehen kann, schilderte kein Geringerer als der Schriftsteller WOLFGANG BORCHERT in seinem Bühnenstück „Draußen vor der Tür“. Das Drama spielt 1947 und handelt von den Erlebnissen während des Zweiten Weltkriegs. Seine Hauptgestalt BECKMANN kommt nach Hause, doch gibt es für ihn kein Zuhause; nach wie vor trägt er die Gasmaskenbrille des Zweiten Weltkriegs. Er sieht des Tags nur den Tod. Er sieht des Nachts seine Albträume. Er will seine Schuld als Soldat zurückgeben, doch er wird sie nicht los. Der General, dem er sein Tun an der Front anlasten möchte, sitzt gemütlich und wohlgenährt am Abendbrottisch. Für diesen

Mann steht der Mond am Himmel wie eine Honigscheibe. Für Beckmann hingegen scheint er zum Geheul der Wölfe in der Steppe. Alles ist für ihn eisig kalt. Beckmann leidet unter dem Vorwurf, dass er elf Mann seines Stoßtrupps verloren hat. Sie sind nicht zurückgekommen. Und dieses Erlebnis stellt seinen Glauben an Gott von Grund auf infrage. Der Tod scheint stärker als Gott. Es mag Zeiten gegeben haben, in denen man trauerte, wenn ein Ballonfahrer abstürzte. Heute hat man es mit Millionen von Toten zu tun: Hungertoten, Granatentoten, Kältetoten, Bombentoten, Panzertoten. Die Kette hört nicht auf. Millionen Tote sind akzeptabel, um heute Politik zu machen. Das beschreibt Borchert. Und diese Weltsicht des Grauens bedeutet Leben in ständigem Tod und im Umfeld von ständigem Töten. Töten auf Befehl und mit gutem Gewissen, mit kirchlichem Segen! Es ist die Hölle. In einer solchen Hölle sitzt der Besessene von Gerasa.

Heribert Körlings: Er schlägt sich mit Steinen, wütet gegen sich selbst.

Eugen Drewermann: Ja, dieser Mann schlägt mit Steinen auf sich ein, wie in einem dauernden Bußritus. Wie sehr muss ein Mensch sich hassen, der sich derart prügelt? Für welche Schuldgefühle? Welche Aggressionen leitet er gegen sich, weil er als Opfer gelernt hat, so mit sich umzugehen? Tag und Nacht schreit er im Gebirge. Anonym ruft er nach Hilfe. Doch sobald jemand zu ihm kommt, fürchtet er ihn. Immer wieder hat man versucht, ihn mit Fesseln und Ketten zu bändigen, doch die Ketten hat er zersprengt und die Fesseln zerrieben. Alle kamen zu diesem Mann nur wie weitere Sklavenhalter, wie Leute, die ihn weder in seiner Wildheit noch in seiner Ungebärdigkeit und Asozialität einordnen konnten, und sie übten an ihm Gewalt. Er aber ließ sich das nicht gefallen. Dabei bräuchte er eigentlich ständig so etwas wie fremde Hilfe und Beistand. Aber er verweigert sie, sobald man ihm näherkommt. Sein Verhältnis zu den Mitmenschen ist so ambivalent.

Genau das erlebt auch Jesus. Kaum kommt er in die Nähe dieses Mannes, da läuft dieser ihm entgegen und schreit: „Was habe ich mit dir zu schaffen? Quäle mich nicht!“ Man könnte denken, um Jesus zu meiden, müsste er sich nur in die Gegenrichtung bewegen, er müsste einfach Ruhe halten, wenn er Jesus loswerden wollte. Aber wie ein wilder Hund stürzt er Jesus von Weitem entgegen, nur um ihn aus seinem Revier zu vertreiben. Alles, was dieser Mann macht, ist widersprüchlich. Selbst als Jesus, wie es der katholische Exorzismus bis heute gebietet, zu ihm sagt: „Fahre aus, böser Geist, aus diesem Menschen!“, beginnt sein leidvoller Hilfeschrei im Widerspruch erst in ganzer Heftigkeit: „Quäle mich nicht!“, fährt er Jesus an. Menschen können mit ihrer seelischen Erkrankung und mit ihrem Schmerz so identifiziert sein, dass sie trotz aller Qual sich darin mehr zu Hause fühlen, als dass sie davon befreit werden wollten. Ist da noch Freiheit? Ahnt man nicht, was es bedeutet, ein armer Teufel zu sein?

Entscheidend ist, dass Jesus in diesem Falle lernt, den Exorzismus nicht mehr auszuüben, sondern den Besessenen, den seelisch in seinen Widersprüchen Zerrissenen, fragt: „Wie heißt du?“ „Bitte sage mir, was in dir vor sich geht“, heißt das. „Wer bist du?“ Unter uns Menschen kann es lange dauern, bis wir darauf eine Antwort zu geben vermögen. Der Mann hier spricht sinngemäß so, wie viele Menschen, die ähnlich leiden: „Mein Name ist Legion, denn viele sind wir!“, schreit er Jesus an. Was er damit andeutet, besagt: „Du täuschst dich in deiner Aufgabe. Du denkst allen Ernstes, du hättest es mit jemandem zu tun, der dir sagen könnte, wer er sei. Mich aber gibt es als Person nicht. Es gibt in mir einzig ein endloses Hin und Her von Widersprüchen.“

Wir könnten diese Getriebenheit in der Psychologie mechanisch wie Stimmen auf einem Tonband abbilden. „Hörst du, was ich sage? das jetzt sind die Worte meines Vaters. So redete er. Im Gegensatz dazu aber reden meine Mutter, mein älterer Bruder, mein Lehrer, der Chef auf dem Kasernenhof, der Chef in meiner Firma, und sie reden alle durcheinander. Sie reden völlig wirr und alle im Widerspruch zueinander. Dauernd soll ich vor ihnen Rollen spielen. Immer wussten sie, wer ich bin und wer ich zu sein hatte. Darum weiß ich bis heute nicht, wer ich zu sein hätte oder was ich sein könnte. Ich habe versucht, allem gerecht zu werden. Aber es hat mich zerrissen und zerstört. Es gibt mich nicht, mein Herr. Was es gibt, ist ein Besatzungszustand, verfügt in einer Sprache, die ich nicht verstehe, aber in ihren Anordnungen das Ziel hat, mich völlig zu entfremden. Und so ist es gekommen. Es marschiert in den Straßen meiner Seele hin und her wie eine römisch trainierte Legion mit eisernen Stiefeln. Ich bin nicht ich. Begreifst du? Und nun mach etwas daraus.“ – Jeder versteht, dass die Frage: „Wie heißt du?“, eine lange Suche nach einer Antwort erfordert. Vorhin noch ging es um Selbstfindung. Hier jetzt geht es um Rückfindung: Wie kann man wieder das aufgreifen, was man war, ehe es zerstört wurde? Wie lernt man zu vertrauen, dass Menschen es gut mit mir meinen könnten, statt mit Ketten und Fesseln zu mir zu kommen? – Es gibt Leute, die aus lauter Angst vor der Psychiatrie in den Selbstmord fliehen. Sie wollen nicht mehr fixiert, an das Bett gefesselt, überwältigt von Drogen und Wärtern zu etwas gezwungen sein. Sie waren rebellisch und unleidlich, und sie wissen nicht, was sie selber tun sollten oder könnten. Und so sehen sie sogar in den Menschen, die es gut mit ihnen meinen, nur ihre Feinde. Aber rechtfertigt ein solcher Zustand die Vergewaltigung von Menschen, die selbst nicht wissen, wer sie sind? Wie müsste man mit ihnen reden? Diese psychologischen Fragen gehen von Jesu Heilung des Besessenen von Gerasa aus. Wir sollten als Theologen definitiv damit aufhören, in dogmatischem Sinne von Teufeln zu reden, die in Menschen fahren könnten. Wir sollten vielmehr uns fragen, woher die Vorstellung von Teufeln überhaupt kommt und was mit ihr sinnvollerweise gemeint sein könnte.

Wir haben die Idee, dass auch bei den Teufeln Freiheit am Werk war, als sie sich gegen Gott auflehnten. Ursprünglich waren sie Engel, reine Geistwesen. Deren höchster war LUZIFER, der Lichtbringer, und er wurde aus Stolz gegen Gott zu SATAN. So wird uns erzählt. Dahinter stehen alte Mythen. Der Lichtträger ist am Himmel als Abend- und Morgenstern zu sehen. Wir nennen ihn heute lateinisch die VENUS, ein Planet, der noch näher an der Sonne steht als die Erde. Im alten Palästina, in Kanaan, existierte ein Mythos, der sich darauf bezog, dass der Lichtträger LUZIFER am Himmel leuchtet, bevor die Sonne aufgeht, so als sei er selbst die Sonne. Dieser Stolz aber wird durch den Aufgang der Sonne zunichte, und Luzifer wird in die Finsternis gestürzt, wie es das Buch des Propheten JESAJA 14,12–15 aufgreift. Dieser Astralmythos hat bis in die Sprache vom Lichtträger die Teufelsmythologie geprägt. Doch was fangen wir damit an? – Meine Mutter erklärte es mir auf ihre Weise. Ich weiß nicht, woher sie diesen Gedanken hatte, aber ich vermute, aus ostkirchlichen Einflüssen. Sie sagte: „Der Teufel ist nicht so schlimm, wie man ihn malt." Ich darauf: „Wie meinst du das?" Sie sagte: „Ich glaube, er meinte es gut." Ich: „Was jetzt?" Meine Mutter: „Er sah das Leid auf Erden voraus und hat erfahren, dass Gott diese Welt mit all dem Elend erschaffen wollte. Da dachte er: ‚Gott, das darfst du nicht machen, das ist deiner nicht würdig. Das offenbart dich nicht, das verdunkelt dich. Ich bin dagegen. Wenn du das wirklich machst, sorge ich dafür, dass alles wieder zurückgenommen wird. Ich will das nicht. Ich werde diese Welt zerstören, bis du am Ende allein noch als das reine Licht vor aller Schöpfung übrig bist. Ich kann nicht sagen: ‚Ich sah, dass es sehr gut' (Gen 1,31) ist. Ich finde die Welt mit dem, was sich da abspielt, nicht gut. Um dich zurückzugewinnen, flüchte ich mich in den Widerspruch.'" Der Teufel wäre demnach ein Engel, der alles zerstört, weil sein Mitleid übergroß ist und wir das Böse in der Welt mit Gott kaum noch in Verbindung bringen können. Zerstören als Erlösen vom Leid des Lebens, Krieg für Frieden, das Nichts als Befreiung von der Last des Seins – ein wahrhaft dämonischer Gedanke.

Ein Mann wie Dostojewski hat sich in seinem Roman „Die Brüder Karamasow" in eine solche Geisteswelt hineinversetzt. Ein Mann wie Iwan Karamasow überlegt: „Man muss dem Menschen die Freiheit nehmen." Denn: Solange Kinder gequält werden, dürfen Menschen nicht frei sein. Iwan erfindet die Geschichte vom Großinquisitor. Nur die Diktatur und Tyrannei, denkt er, können den Menschen ordnen und das Böse besiegen. Man kann auch auf die Idee kommen wie in Dostojewskis Roman „Die Dämonen". Dort erklärt Schigaljow: Wir müssen mit Volldampf durch den Sumpf, wir müssen eine Revolution heraufbeschwören, in der das Böse abgeschafft wird, egal wie viele Tote es auf dem Weg dahin kostet. Das sind teuflische Gedanken, um die Welt zu verbessern, im Hintergrund eines unendlichen Mitleids. Dagegen meint sinngemäß Jesus im Matthäusevangelium 5,39: „Leistet dem Bösen keinen Widerstand." Das besagt: „Wenn ihr das Böse im Kampfmodus angeht, verbessert ihr nichts. Ihr verschlimmert nur alles." Doch gerade diese teuflische Idee liegt unglaublich nahe, wie zum Beispiel jetzt das Programm der „Zeitenwende" überdeutlich zeigt. Das Leid endgültig beseitigen mit einer Lösung, die Zerstörung als Mittel begreift, – das ist eine Selbstperversion des Guten ins Böse, des Göttlichen ins Teuflische, des Menschlichen ins Unmenschliche.

Heribert Körlings: Jesus setzt auf das Verstehen und steht auf der Seite der armen Teufel. Wir haben in diesem Zusammenhang über das alte Motiv des Abstiegs des Gekreuzigten in die Hölle am Karsamstag gesprochen. Die Fragen eines Schülers lauten:

Wenn Auferstehung Jesu heißt, dass er derjenige ist, der an unserer Seite steht, traut er uns zu, dass wir ähnlich handeln wie er? Heißt Auferstehung Jesu, dass er in uns hinein aufersteht, dass er in uns lebt und handelt?

Eugen Drewermann: Jesus ist ein Durchbruch aus der Zwangswelt unserer Angst. Er führt uns vor, dass wir nicht so handeln müssen, wie wir glauben, handeln zu sollen. Wir haben einen Freiraum des Vertrauens, den wir bei ihm kennenlernen können. Denn er verhält sich gründlich anders, als es uns als alternativlos beigebracht worden ist. Damit sprengt er die Ketten, die sich geistig um uns legen. Er öffnet den verengten Horizont, in den man uns eingesperrt hat.

Heribert Körlings: Jesus macht uns frei zum Handeln.

Eugen Drewermann: Das ist so. Denn er öffnet die Gefängnisse, in die man uns eingesperrt hat unter den Begriffen Gehorsam, Zwang und Angst im Rahmen von Sicherheitsbedürfnissen, Ordnungssystemen und Abriegelungen nach innen wie nach außen. Doch wenn man die Welt mit Jesu Augen betrachtet, wird nicht nur eine neue Perspektive geschaffen, es vermehrt paradoxerweise zunächst die Angst. Wir kennen uns nicht mehr aus. Bei der alten Zwangsordnung wussten wir wenigstens, woran wir waren. Wir hatten klare Vorschriften, die wir befolgen mussten. Jetzt erkennen wir, dass das alles falsch sein kann und noch schlimmer wird, wenn wir dabei bleiben. Fortan tragen wir persönliche Verantwortung und müssen uns selbst entscheiden. Was also sollen wir machen? Wir waren vorhin beim Begriff der Selbstfindung und mussten lernen, auf uns selbst zu hören, uns eigene Urteile zu bilden und unseren persönlichen Erfahrungen sowie den denkerischen Verarbeitungen dieser Erfahrungen Vertrauen entgegenzubringen. Das steht oft im Widerspruch zu dem, was von außen verordnet wird. Wir aber lernen im Gegenüber Gottes, an den wir glauben, parallel dazu auch, an uns selbst zu glauben. Es bildet sich ein Personenkern, der widerständig genug ist, um sich nicht mehr länger überwältigen zu lassen. Das alles lernen wir bei Jesus. Wir sehen in ihm nicht ein fremdes Vorbild, das wir mühsam kopieren müssten, sondern es ergreift als Person mit seiner Güte von uns Besitz. Er formt unser Denken neu. Er beginnt in uns selbst zu leben.

Auferstehung jetzt

Heribert Körlings: *Wenn Jesus auferstanden ist, wie ist er dann unter uns?*

Eugen Drewermann: Das wunderschöne Bild am Anfang der Apostelgeschichte nach der Himmelfahrt Jesu ist der Pfingstmorgen. Dort wird die Erfahrung des „Erntetags" Jesu als überwältigendes Ereignis geschildert. Der Geist Gottes kommt wie mit Feuerzungen vom Himmel als die glühende Erfüllung einer Liebe, die beginnt, mit uns zu reden, und von uns Besitz ergreift. Wir konstruieren die Ankunft des Himmelreiches nicht von unten her, erbauen sie nicht mit Planungsprogrammen wie mit der nachfolgenden Sprachverwirrung (Gen 11,1–9) den Turm zu Babylon. Sie kommt von oben her in einer anderen Perspektive zu uns und versenkt sich in uns. Die Liebe macht aus uns neue Menschen.

Das erste Wunder, das wir wahrnehmen, besteht dementsprechend darin, dass die Menschen anfangen, in verschiedenen Sprachen einander zu verstehen. Dadurch geschieht etwas Wunderbares. Wir haben an jeder Kulturgrenze für gewöhnlich auch rechtliche Grenzen, moralisierende Kampfbegriffe und nationale Identitäten. Russland etwa will die Ukraine vernichten. Das Bild vom aggressiven Russen bestand schon immer so. Niemand kann unter diesen Voraussetzungen miteinander reden. Russen und Ukrainer könnten sich sprachlich leichthin verständigen. Auch slawische und germanische Sprachen könnten sich wechselseitig verständlich machen. Man könnte Brücken schlagen über die Unterschiede von Kultur, Entwicklung, Tradition und staatlichen Organisationsformen, um sich miteinander anzufreunden. Zu Pfingsten geschieht dieses Wunder, nicht philologisch oder linguistisch, sondern menschlich und geistig. Die Angst voreinander hebt sich hinweg. Egal, woher die Leute kommen, Elamiter, Perser, wer auch immer – sie reden miteinander und verstehen sich in den unterschiedlichen Sprachen gegenseitig (Apg 2,1–13).

Im Geist Jesu einander verstehen statt verurteilen

Pfingsten geschieht insbesondere, wenn wir begreifen, was wir anderen angetan haben, als wir aufhörten, sie zu verstehen. Eine solche Einsicht schlüge eine Brücke über die Untaten, die wir in Absperrung von anderen selber begangen haben. Es gäbe vorwärts und rückwärts in der Geschichte Zugangswege zwischen Hoffnung und Reue. Es herrschte eine Gemeinsamkeit, zu der wir fähig wären.

Noam Chomsky hat rein sprachtheoretisch aufgezeigt, dass es eine generative Transformationsgrammatik gibt, mit deren Hilfe man den Aufbau von Sprachen ineinander überführen kann. So muss es auch wohl sein. In unseren Köpfen befindet sich ein Apparat, der imstande ist, die Diversifikation der verschiedenen linguistischen Systeme generisch aus einheitlichen Mechanismen abzuleiten. Prinzipiell ist unser Gehirn imstande, alle Laute zu bilden, die Menschen sprechen können. Unser Gehirn ist fähig, alle Sprachen, die Menschen reden, auch zu verstehen. Wohl, man muss die Sprachen einzeln lernen, denn ihre Unterschiede haben sich in einem langen Prozess der Entwicklung gebildet. Doch auch unterhalb der Logik der Einzelsprachen stoßen wir auf ein Verständigungssystem der Gefühle. Wir bemerken, dass im Laufe der 200 Millionen Jahre Entwicklung der Säugetiere im limbischen System Gefühle gespeichert wurden, und so ist es kein Wunder, dass wir unseren Hund unmittelbar verstehen, wenn er uns auch nur ansieht. Unser Kätzchen begreift, ob das Klima gut ist oder ob es besser durch die Tür verschwindet. Der Abstand zu den Tieren, die wir zu Hause als Freundinnen und Freunde halten, ist biologisch enorm; trotzdem erfolgt auf der Gefühlsbasis eine Verständigung, die wie selbstverständlich ist. Dasselbe ist unter Menschen möglich. Wenn es nicht durch Disziplin und Kultur als Zumutung empfunden wird, dem anderen Gefühle zu offenbaren, sodass wir sie am Gesicht und an der Mimik erkennen können, ist es relativ leicht, die Gefühle anderer Menschen zu erraten. Wir hören bereits an der Art, wie jemand spricht, ob er wütend oder zärtlich ist, etwas Nettes oder Aggressives sagt. Wir können es hören, sehen und riechen, denn sogar die Körperausstrahlung ist dementsprechend signifikant. Im Gefühlsbereich also verfügen wir über ein Verständigungssystem, das über Jahrhunderte, über Tausende von Jahren, ja über Jahrmillionen ein gemeinsames, verbindendes Kontinuum erstellt hat und das wir nutzen können, um miteinander umzugehen. Wir müssten lediglich Gefühle als Formen emotionaler Intelligenz gelten lassen, und das sollten wir. Denn im Grunde sind Gefühle wichtiger als Gedanken. Bei der Rechtsprechung, etwa im Gerichtssaal, handeln wir cool wie Eis. Da wissen wir vermeintlich genau, was passiert ist und wie wir das Geschehene beurteilen müssen. Doch wenn wir uns in den anderen einfühlen, sehen wir vor uns zumeist einen Leidenden.

Heribert Körlings: Sie haben in diesem Zusammenhang oft das Bild gebraucht: „Wenn ich im Nachbarhaus geboren wäre, wäre ich in einer ganz anderen Situation."

EUGEN DREWERMANN: Das stimmt absolut, denn dass wir hier sitzen und miteinander reden, ist das Ergebnis einer Psychogenese unter ganz bestimmten Bedingungen. Diese hätten sich durch die Entfernung von auch nur 40 Zentimetern Backsteinziegel gründlich anders entwickeln können. In manchen Reden in Gefängnissen habe ich gesagt: „Keiner von Ihnen, die hier sitzen, ist freiwillig hierhin gekommen. Es geht nicht zu wie im Hauptmann von Köpenick: ‚Bis hierhin hat uns Gott geführt.' Sie sind unfreiwillig hierhergekommen. Man hat mit Ihnen Dinge gemacht, die Sie nicht wollten, und am Ende haben Sie Dinge getan, die Sie nicht gewollt haben. So wird es sich verhalten. Diesen Zusammenhängen müssen wir auf die Spur kommen. Wenn Sie hier sitzen sollen, indem der Richter sich mit den Worten verabschiedet hat: ‚Sie können darüber nachdenken', klingt das zynisch genug, um es nicht zu tun. Etwas Bestimmtes aber ist daran richtig. Wie sind Sie geworden, ohne gewollt zu haben, was Sie heute sind? Und wie können Sie wollen, etwas anderes aus sich zu machen? Den Schmerz, den Sie erlebt haben, können Sie sich und anderen künftig womöglich ersparen."

Um das zu lernen, müsste ich aber mit mir anders umgehen, als meine Eltern es konnten. Sie waren selber arme Teufel. Sie konnten nichts dafür, dass sie so waren, aber ich kann an ihnen lernen, es anders zu machen. Ich muss es für mich umlernen.

Das Böse überlieben

Wie holen wir die armen Teufel aus dem Ort heraus, in den sie hineingesunken sind? Das geht nur, indem wir das Böse überlieben. Es geht nur, indem wir die Kälte mit der Wärme unseres Herzens und unserer Hände zurückverwandeln in die Tränen, die geflossen sind, bevor sie in der Kälte des Totenreichs zu Eismasken erstarrt sind. Wie also gewinnen wir Menschen in ihrer Lebendigkeit zurück? Wie wird aus einem Untoten jemand, der sich wieder an das Leben gewöhnen kann? Er kann durch uns womöglich merken: Nicht alles ist so schrecklich, wie er es kennengelernt hat. Es ist nicht alles so stehen geblieben, wie es vordem war. In ihm selbst kann er überreifen, was er erlebte. Das ist fortan ein wichtiger Gedanke: Wenn Gott straft, geht es gerade nicht so zu, wie sich KARL RAHNER das vorgestellt hat: Er überlässt den Menschen gerade nicht seinem frei gewählten Schicksal, dem Unglück, das er vermeintlich frei wählte. RAHNERS Idee basiert, wie gesagt, auf einer vollkommenen Ausklammerung jeglicher Einfühlung in Menschen, die unglücklich sind. Unglück wählt man nicht, man trägt es als eine oft furchtbare Hypothek schicksalhafter Belastung auf den Schultern. Es ist wie in einer griechischen Tragödie, die wir uns vor Augen geführt haben. Allein schon die Betrachtung fremden Leids sollte das Denken von uns selbst und von anderen Menschen verändern. Wir könnten lernen, wie wir durch Einfühlung dem anderen die Hand reichen. Er würde sich verstanden fühlen sogar für etwas, das in ihm nur verdrängt, bekämpft und abgeurteilt wurde; jetzt lernt er, wie er es zurückgewinnen kann.

Wenn wir von Selbstfindung sprachen, mussten wir andeuten, was diesem leicht dahingesprochenen Wort bei seiner Realisierung alles im Wege stehen mag. Jemand hat sich an die Entfremdung seines Bewusstseins womöglich längst gewöhnt. Er hat sich angepasst und damit einen relativen Frieden mit seiner Umgebung hergestellt. Er hat sein Ich eingeschränkt, aber dadurch einen Zustand der Ruhe hergestellt. Er hat gehandelt, wie SIGMUND FREUD es ausdrückte: „Wie ein Heer, das die Schlacht verloren hat, aber nun sich in eine hohe Festung zurückzieht.« Damit wird es auf dem Schlachtfeld nicht mehr bedroht, aber es ist in der Burgfestung eingekesselt und lebt in permanenter Unfreiheit. Es hat einen Status, bei dem es viel aufgeben musste. Das Ich gehört sich in weiten Teilen der Psyche nicht mehr selbst und befindet sich in einem ständigen Belagerungszustand.

Zu tun hat das theologisch mit der Vorstellung der Hölle. Wer sind die Teufel? Man hat von alters her in der Ambivalenz der Natur alles, was Leid und Unglück verursachen konnte, nicht als bloße Naturkräfte wahrgenommen, sondern als Willenshandlungen böser Geister. Mit dem Fortschritt der Religionsgeschichte sind daraus die Teufel geworden. So entstanden POSEIDON, der Gott des Erdbebens, oder TEPEYOLLOTLI bei den Azteken, die im Rückblick des Christentums zu Teufeln wurden. So geschah es in Bezug zu äußeren Naturkräften, doch ein Gleiches kann auch in der inneren Natur geschehen. Es gibt den Gott PAN – wir sprechen heute noch vom panischen Schrecken. PAN trat in der Mittagshitze gern auf eine Lichtung im Wald und beobachtete Nymphen, die schlafen wollten. Da träumende Mädchen in der Wärme der Sonne mitunter recht hitzige Fantasien von ihrem Liebesleben bekommen können, mag ihnen die Vorstellung ihrer eigenen Sehnsucht in der Gestalt des Waldgottes PAN wie eine ungeheure Überwältigung erschienen sein. So etwas ist vor allem möglich, wenn die natürlichen Empfindungen und Sehnsüchte nach Liebe verteufelt werden. Wenn man „Unkeusches" nicht sehen, denken oder aussprechen darf, weil es in sich selbst böse ist und weil es eine Todsünde darstellt, wenn du es dennoch tust, so musst du es beichten. Dann ist es ein Werk des Teufels. Man ist dann noch nicht vom Teufel besessen, aber man besitzt verteufelte Seelenteile, die prinzipiell für böse erklärt werden und die an den Außenwänden der Abgrenzung der Seele weiterspuken und um Einlass bitten, indem sie immer wieder an die Scheiben klopfen. Dagegen muss man immer neue Abwehrbesetzungen aufbieten. Durch Absperrungen solcher verdrängter Seelenteile entwickelt sich tatsächlich unter entsprechenden Angst- und Schuldgefühlen im psychotischen Erleben die Besessenheit vom Teufel. Man denkt Dinge, die man nicht denken will, aber unter dem aufgestauten Triebdruck denken muss. Man hat Erscheinungen, die man nicht sehen möchte, die sich aber aufdrängen. Das sind die Erfahrungen, die einem Besessenen psychiatrisch auferlegt sind. Wenn die katholische Kirche nichts Besseres weiß, als einen Exorzismusspruch darüber zu legen, anstatt von innen zu verstehen, was sie durch die eigene Sexualmoral in der Seele vieler Menschen angerichtet hat, so gnade ihr Gott oder hol sie der Teufel. So kann und darf es in keinem Falle mehr weitergehen.

Heribert Körlings: Das alles mag das Vorgehen in bestimmten Teilen der Weltkirche kennzeichnen. Ich habe Seelsorge im Gegenteil als Zuwendung erfahren, als Interesse an mir. Ich kenne viele engagierte Personen, die das im Sinne Jesu praktizieren, und würde gerne einen Schwerpunkt auf die positive Bedeutung des Glaubens setzen, ohne Zerrbilder aus allen möglichen Kontexten. Denn es gibt dieses positive Handeln im Sinne Jesu.

Eugen Drewermann: Ohne Zweifel! Doch es gibt auch dieses, was wir im Gespräch über Hölle und Teufel verstehen müssen, wenn Theologie nicht psychischen Schaden anrichten soll. – Nach der ersten Messe auf einem Stellvertreterdienst an einem Sonntag kam eine Frau zu mir, die mir erklärte, in ihrer Tochter stecke der Teufel. Nach wenigen Minuten hatte ich den Eindruck, ich verstehe die Tochter besser als die Mutter. Denn es schien offenkundig, dass das Leid der Tochter durch eine Einstellung der Mutter bedingt war, die im besten Sinne erziehen wollte, aber das Gegenteil erreichte. Die Problematik liegt nicht im Unterschied bestimmter Erfahrungen je nach lokaler Variabilität, sondern darin, dass wir gegen eine bestimmte Art von Glauben nicht angehen können, wenn die Lehre der Kirche selber weiterhin bestätigt, dass es den Teufel gibt und dass man an den Teufel, die Hölle und die Besessenheit als objektive Gegebenheiten glauben muss. Wie wollen Sie einer Frau erklären, dass ihre Tochter nicht mit dem Teufel, sondern mit ihr als Mutter ein Problem hat? „Sie hat kein Problem mit mir, sie ist vom Teufel besessen", sagt sie. Mit logischen Argumenten kommen Sie nicht gegen diese Überzeugung an, welche die Kirche in die Dogmatik gehoben hat.

HERIBERT KÖRLINGS: Wer hört noch auf die Lehre dieser Kirche?

EUGEN DREWERMANN: Da haben Sie sicher recht. Dieses Problem von unbegreiflichen und schädlichen Glaubenslehren ist ein Teil des Zusammenbruchs der Kirche. Wir haben bereits gefragt: „Lässt Gott das zu?" Darauf kann man jetzt nur sagen: „In bestimmten Bereichen muss erst etwas kollabieren, damit es aufhört und der Wahrheit weicht." In Gott sollten Menschen sie selbst sein.

Kann der Glaube glücklich machen?

HERIBERT KÖRLINGS: *Kann der Glaube glücklich machen?*

EUGEN DREWERMANN: Was nennen wir glücklich? Für die meisten ist Glück eine Form der Ausgeglichenheit mit den Bedingungen der Umgebung im eigenen Leben. Wenn es dabei bliebe, definierte sich Glück wesentlich dadurch, dass man Glück hat. Die Lebensumstände sind, ohne dass man darauf womöglich starken Einfluss nehmen musste, glücklich geformt, sodass man mit ihnen recht gut leben kann. Man fühlt sich wie auf einem goldenen Tablett ins Leben getragen als einem Spiel des Schicksals. Also: Das Leben ist wunderbar, und man ist glücklich. Zu dieser Art von Glück trägt der christliche Glaube freilich nicht bei. Das Gegenteil ist der Fall. Am Anfang des Glaubens steht christlich die Erkenntnis, dass eine solche Glücksdefinition von den äußeren Umständen abhängig macht, und wir sagten schon: Diese Abhängigkeit ist das Gegenteil von Selbstfindung. Wenn man glücklich durch glückliche Umstände sein will, bleibt man permanent am Gängelband von Verhältnissen, von denen man sich einbildet, gesegnet zu sein, ohne dafür etwas tun zu müssen. Man befindet sich im Unterschied zu anderen, die Pech hatten, in einer Situation, die vorteilhaft erscheint, aber im Wesentlichen in die Irre führt. Der christliche Glaube beginnt damit, dass man die äußere Bestimmtheit vollkommen aufgibt und als Irrtum eine Verführung begreift, von sich selber abzuweichen. Was wir brauchen, ist eine Glücksdefinition, die von innen kommt. Nur: Worin sollte diese liegen?

In der „Nikomachischen Ethik“ bei ARISTOTELES könnten wir lernen, Glück sei die „Eudaimonia“, sei Wohlgeistigkeit. In diesem Wort steckt „Geist“, griechisch Dämon. ARISTOTELES meinte, wir könnten lernen, das Gute zu tun, sodass es uns wie ein inneres Anliegen selbstverständlich werde; wir führten ein tugendhaftes Leben, wobei Tugend mit der Gewohnheit bei der Verrichtung richtiger Lebensmaximen und ethischer Satzungen identisch ist. Wenn wir so gut geworden sind, dass wir mit dem Sittengesetz wie von selbst übereinstimmen, ergibt sich eine Zufriedenheit mit sich selbst. Mit ARISTOTELES gesprochen, wäre das Glück. Es fiele Tugendhaftigkeit uns nicht mehr schwer, weil wir ihr gewohnheitsmäßig folgen. Wir hätten uns so moralisch diszipliniert, wie wir im Sportunterricht die Muskeln stärken. Es ist uns dann eine Freude, unsere Muskeln zu betätigen, – wir bekommen aber keinen Muskelkater. Ein Wohlgefühl tritt ein, eben *Eudaimonia.* Auch diese Vorstellung ist christlich betrachtet unzutreffend, denn auch sie ist in ihrer moralischen Festlegung weitgehend äußerlich. Uns wurde gesagt: „Das ist gut, das ist falsch.“ Und wir haben uns danach gerichtet, bis wir, gut dressiert, genauso wurden, wie man sich uns gewünscht hat. Die gehorsame Gewohnheit gilt dann als Tugend. Die eigentliche Frage auf dem Weg zum Glück, die ihre Herkunft aus dem Glauben deutlich verrät, lautet hingegen: „Wozu bin ich bestimmt? Was ist mein Wesen, was mein Auftrag, was meine Berufung?“

Das schönste Bild dafür ist die Geschichte von der Verklärung Jesu (Mk 9,2–8.9). Jesus steht auf einem hohen Berg, und er hört MOSES und ELIAS sprechen (Mk 9,2–4). Ich setze MOSES für den Auftrag, das Volk aus der Unterdrückung anderer Menschen, in diesem Fall der Ägypter, herauszuführen. Wir versuchen im politischen Denken etwa die Aufhebung der Knechtschaft von Menschen durch Menschen zu erreichen; wir wünschen das Ende der Sklaverei, die immer noch ein sehr modernes Thema etwa in den Südstaaten der USA ist. Noch um 1840 konnte man Menschen zwischen Bananenkisten auf dem Markt verkaufen. Sie waren eine verkäufliche Ware, mit der man Handel treiben konnte: Wie schön sieht die Frau aus, wenn man sie nackt auszieht? Wie stark ist der Mann, wenn er seine Muskeln zeigt? Wie viel sind sie auf dem Markt zur Lustgewinnung und zur Arbeitserleichterung für einen potenten Käufer wert? Mit der Bibel in der Hand war die Sklaverei in den Südstaaten normal. Offenbar kann man ganze Völker im Namen Gottes verurteilt finden und sie unterdrücken und versklaven. Wenn es sich so verhält, gibt es auch Theologen, die jedes Unheil und Unrecht mit Gott absegnen und rechtfertigen. Dagegen muss man etwas tun. Wer so von Gott redet, beleidigt Gott. Er verleumdet Gott und schafft einen Gott, der zum Götzen wird. Bereits zu MOSES wurde gesagt: „Gott ist dazu da, Menschen in die Freiheit von anderen Menschen zu führen", in eine Freiheit, die sie als Personen im Gegenüber anderer Personen leben lässt. Sie gehen in den Widerstand, indem sie sagen: „Ich habe ein inneres Gewissen. Das befiehlt mir, ich gehorche ihm und nicht deinen Befehlen, die mich entfremden." Das muss ich Menschen vermitteln können. Dafür steht MOSES und so spricht er zu Jesus.

Als inneren Auftrag auf dem Berg der Verklärung redet mit Jesus auch ELIAS. ELIAS steht dafür, dass die religiöse Abhängigkeit der Vorstellung von Götzen oder Religionsformen, welche Menschen unfrei machen, aufgelöst werden muss, – in den Tagen des ELIAS war das der Fruchtbarkeitskult des Gottes BAAL. Das Thema ist hochaktuell, denn *unser* Fruchtbarkeitskult als die Religion unserer Zeit ist der Kapitalismus, und er kostet unendliche Opfer. Was ELIAS laut biblischer Darstellung vor Augen hatte, war die Praxis, dass man Kinder durch das Feuer gehen ließ, um sie dem Gott BAAL zu opfern. Genau dasselbe aber tun wir. Wir opfern ganze Generationen für die Renditesteigerung der Geldbesitzer, der Bankenprofiteure und der gewinnträchtigen Moneymaker. Wir betrachten unser Wirtschaftssystem der Ausbeutung von Milliarden Menschen zugunsten weniger als normal. Wir betreiben im Namen des Kapitalismus einen Götzendienst.

Es scheint also, als ob Jesus von ELIAS gesagt bekommt, dass wir den Götzendienst materieller Gewinnspannen nicht länger bejahen dürfen. Er bedingt ein ständiges Opfern von Menschen zugunsten eines Götzen, der nicht verdient, dass wir ihn in irgendeiner Weise ernst nehmen. Mythisch oder symbolisch gesprochen ist es der Teufel, der im Götzendienst des Kapitalismus von uns Besitz ergreift. Gleichwohl, so müssen wir denken, sollen wir so handeln, – so sagt es uns die Gesellschaft, so will es die Politik, so treten wir im Konkurrenzkampf global gegeneinander an; so müssen wir Wirtschaftskriege betreiben, damit wir zum Beispiel China einkreisen. Denn China droht uns wirtschaftlich zu übertreffen. Seine Handelswege sind gefährlich, denn sie ziehen sich durch Afrika und greifen nach Europa. Das alles darf nicht sein. – Wenn wir so handeln, haben wir den BAALskult in der Unfreiheit von Milliarden von Menschen und befinden uns in ständiger Kriegsbereitschaft. Wir stehen im Machtgewinn gegeneinander, in tödlicher Konkurrenz. Es ist, als würde Jesus auf dem Berg der Verklärung gehört haben: „Das muss ein Ende haben. Das dient nicht Gott."

Im Glauben an Gott die eigene Berufung leben

Jesu Auftrag ist es daher, die Menschen langsam aus der Hypnose ihrer Unfreiheit zu lösen. Das Bild der Verklärung bricht aus Jesus hervor, als wären seine Gewänder weiß wie Schnee. Sein ganzer Körper beschreibt eine Antwort auf die Frage: Was ist Glück? Es ist genau dieser Zustand: zu erfahren, wozu man berufen ist und wofür es sich lohnt, vor Gott und den Menschen zu leben.

HERIBERT KÖRLINGS: Die Glückserfahrung Jesu, das positive Vorzeichen vor seinem Auftrag, ist die Beziehung zu Gott, seinem Vater.

EUGEN DREWERMANN: So ist es. Sein Glück ist das Vorzeichen für die Beauftragung und die Folge des Begreifens seines Auftrags. Wenn wir Glück so definieren, ist es die Erfahrung dessen, wofür man da ist und wofür man mit allen Kräften leben will. Es ist die Erfüllung des Hauptgebotes der Bibel, von dem Jesus sagt: „Du sollst Gott mit allen deinen Kräften und deinem ganzen Gemüt lieben" (Lk 10,27, nach Dtn 6,5).

HERIBERT KÖRLINGS: Die Quelle eines solchen Glücks ist die gelungene Beziehung zu Gott. Sie verwirklicht sich auch in der Hinwendung zum Mitmenschen und nicht zuletzt in der Selbstannahme.

EUGEN DREWERMANN: Ja. Am Beispiel Jesu sieht man, wie MOSES und ELIAS in der Befreiung der Menschen durch die Beziehung zu Gott innerlich wie äußerlich sich mit ihrer Botschaft auswirken. Wir machen wie Jesus die Erfahrung eines unbedingten Vertrauens zu Gott, mit der Konzentration aller seelischen Kräfte auf diesen einen Punkt, den wir als Berufung für unser Leben erfahren und der das ausmacht, was wir christlich als Glück bezeichnen.

Heribert Körlings: Gott sagt Ja zu Jesus. Das ist die Wiederholung der Berufungserfahrung bei der Taufe Jesu im Jordan.

Eugen Drewermann: Das ist richtig, denn auch auf dem Berg seiner Verklärung sagt Gott: „Du bist doch mein Sohn" (Mk 9,7, vgl. Mk 1,11).

Heribert Körlings: Aus dem Ja Gottes zu ihm kann Jesus leben und handeln, zum Glück der Menschen, theologisch gesprochen: zu ihrem Heil.

Eugen Drewermann: Zum Glück der Menschen, denen gesagt wird, sie sollten auf ihn hören, um auf sich selbst zu hören. Er spricht aus, was in ihnen als Sehnsucht, als innere Beauftragung schon immer gelebt hat, nun aber in der Resonanz sich meldet und zu Wort kommt.

Heribert Körlings: Davon spreche ich lieber, als über Lehren von der Hölle, die zwar noch weitergegeben werden, aber auf die, Gott sei Dank, niemand mehr hört. Wir sollten ermöglichen, dass *die* Stimme im Inneren gehört wird, die die Stimme Gottes ist.

Eugen Drewermann: Gewiss, doch ist das, was wir lieber oder weniger gerne hören, kein Maßstab. Bevor Sie die Bücher, die Sie lieben, in das Regal stellen, müssen Sie das Regal entstauben. Das ist die Arbeit, die wir auch leisten müssen, um an die Botschaft Jesu gegen einen enorm tradierten Widerstand heranzukommen, – gegen eine Kirche, die sich seit Jahrhunderten für unfehlbar geriert und die mehr als anderthalb Jahrtausende lang ihre eigene Lehrtradition dazu genutzt hat, um von der Botschaft Jesu abzuweichen. Die Folgen sehen wir an jeder Stelle. Es geht nur im Aufräumen. Wir kommen an die Kostbarkeiten der Botschaft Jesu nur heran wie Archäologen, indem wir uns an die Ursprünge zurückbuddeln. Ohne Frage finden wir dann Kostbarkeiten, die wir mögen und zum Leuchten bringen können, weil wir einzig davon leben. Sie sind unser Glück.

Ehe die Botschaft Jesu heilend ist, müssen wir die Krankheiten verstehen, von denen sie heilen will, nicht zuletzt diejenigen, die die Kirche selbst erzeugt. Am Ende der Verklärungsgeschichte weist Jesus auf die Notwendigkeit seines Todes hin (Mk 9,9–13). Er lernt zu leben, und er kann für die Ziele leben, für die er da ist; aber es wird ihn das irdische Leben kosten, indem er das himmlische gewinnt.

Heribert Körlings: Jesus weiß das und kann es bewältigen.

Eugen Drewermann: So ist es. Er kann nach Golgota eigentlich nur in der Glückserfahrung dieses hohen Berges gehen, den man touristisch in der Ebene Jesreel als den Tabor in Israel ansiedelt. Tabor ist hebräisch und bedeutet der Nabel oder das Zentrum. Jesus ist auf dem Berg der Verklärung zum Zentrum seiner selbst gelangt, im Gegenüber Gottes und im Wissen, dass, egal, was passiert, er in Treue zu sich selbst durch alles hindurchgehen wird.

Heribert Körlings: Jesus weiß, dass er es nicht vermeiden kann.

Eugen Drewermann: Auch wenn er Angst hat, weicht er nicht zurück.

Jesus nachfolgen

Wie das praktisch aussehen kann, habe ich als Kind in den Fünfzigerjahren bei Albert Schweitzer gelernt. Albert Schweitzer erzählt in seiner Lebensdarstellung auch von seiner Berufung. Er war Theologe und versuchte, die Bibel historisch ehrlich zu lesen, im Widerspruch zu den theologischen Festlegungen, die sich daraus entwickelt hatten. Er schreibt am Ende seines Buches über die Leben-Jesu-Forschung: „Alle Worte, mit denen wir Jesus bezeichnen, sind zeitbedingt. Sie sind für uns in der Form kaum wiederholbar und haben nur relative Gültigkeit. Sie sind keine Ewigkeitsdogmen. Immer wieder aber tritt er an das Ufer des Sees von Genezareth, blickt uns an und sagt: „Folge mir nach!"

Schweitzers Frage lautete: „Wie erlebe ich das selbst?" Was bedeutet für mich: „Folge mir nach!"? Ich kann weiter Dozent der Theologie bleiben, ich kann weiter Orgel spielen in den Kirchen. Das aber hat Jesus so nicht gemacht, und das ist nicht seine wirkliche Nachfolge. Es fing an, wie eine Botschaft an ihn persönlich zu werden. Ich muss mich engagieren für die Menschen, die leiden, sagte er sich, hörte er in sich. Es ging daraus der Entschluss hervor, Arzt zu werden. Das war nicht einfach. Sich für Naturwissenschaft zu interessieren, Biochemie, Physiologie und Anatomie zu lernen, ist für einen Theologen eine schwere Zumutung. Albert Schweitzer hat diese Zumutung im Studium jahrelang auf sich genommen, um Menschen zu helfen, an einem Ort, wo keine Hilfe war, in Afrika, in Lambarene. Diese Wandlung war für ihn der Einbruch seiner Berufung und der Anfang einer tieferen Art von Glück. Es war das Ende der Unzufriedenheit, über Jesus nur zu schreiben, statt ihn zu leben und ihn in sein eigenes Leben hereinzulassen.

Das ging so weiter. 1952, nach der Zündung der ersten Wasserstoffbombe, war ALBERT SCHWEITZER, gemeinsam mit ALBERT EINSTEIN, der Meinung, das sei ein gefährlicher Wahnsinn, den man beenden müsse. Die beiden Alberts waren einer Meinung gegen die Regierung in den USA. Die CIA verdächtigte ALBERT SCHWEITZER, er hätte im Urwald einen Röntgenapparat nicht richtig entsorgt; das sei strahlendes Material. Der Mann also, der gegen die Strahlenschäden der Wasserstoffbombe und der Atombombenversuche überhaupt polemisiert, sei selbst jemand, der die armen Leute in Lambarene verstrahle. Diesen Lügner im eigenen Hause müssen wir ächten, erklärte man, dem Mann dürfen wir keinen ethischen Protest glauben, weil er selbst unglaubwürdig ist. Solche Attacken erlaubte man sich, um Machtpolitik bis zur potenziellen Verstrahlung von vielen Millionen Menschen am Anfang eines neuen Krieges als richtig hinzustellen und durchzusetzen. ALBERT SCHWEITZER indessen hörte nie auf, gegen den atomaren Wahn zu sein. Er blieb ein Mensch, der wusste, dass Mitleid mit den Menschen, Mitleid mit den Tieren, Güte zu allem, was leidet und was lebt, das einzige Gebot ist, mit dem man Christus folgen kann. Er hat diese Überzeugung vorgelebt, so gut er konnte. SCHWEITZER wurde außerdem verdächtigt, koloniale Strukturen mitgebracht zu haben und Europäer geblieben zu sein. Das mag sein, ändert aber nichts am Wesentlichen: Er war ein wunderbarer Mensch, und ich habe von ihm gelernt, was es heißt, Jesus nachzufolgen.

HERIBERT KÖRLINGS: *Was sagen Sie den Menschen, die an Gott glauben möchten, aber keine Verbindung zu ihm in sich spüren?*

Diese Frage hat mit dem Gefühl zu tun.

EUGEN DREWERMANN: So verstehe ich die Frage auch. Deswegen gebe ich eine psychologische Antwort. Im Zustand mancher Depression ist es für Menschen, die sehr leiden, das schwerste und am wenigsten für sie erträgliche Symptom, dass es keine Gefühle mehr gibt. Sie fühlen sich nicht nur leer, sie fühlen sich wie abgestorben. Es kann passieren, was will, es gibt keine inneren Reaktionen mehr. Der Grund für dieses Erleben ist auch von außen relativ leicht begreifbar. Man war sehr verbunden mit allem, fühlte sich oft aber auch schuldig für alles, sodass es in der Überforderung darunter zum Erstarren der Gefühle gekommen ist. Wenn ich bei allem, was ich miterlebe, nur leide, ist es ein Vorteil, wenn ich irgendwann nichts mehr empfinde. Das ist ein Automatismus der Seele zu ihrem eigenen Schutz. Für die Betroffenen aber ist es eine neue Form des Schreckens: Ich bin wie erstorben, ich lebe nicht mehr, ich bin lebendig tot. – Das bezieht sich auch auf die Optik. Manche Menschen können in diesem Zustand keine Farben mehr sehen. Sie hören auf, farbig zu träumen, aber sie sehen auch draußen keine Farben mehr. Das erschreckt sie. Sie wissen, die Blumen müssten verschieden aussehen. Aber es ist alles grau in grau. Das ist ein Abwehrmechanismus der Psyche gegen eine Überforderung in zu enger Verbundenheit. Es wird aber erlebt, als wäre man in einem Kerker eingesperrt, aus dem man nicht mehr entkommen kann.

Der gleiche Vorgang kann auch in Bezug zu Gott eine Rolle spielen. Da sind Menschen, die in der Religion verankert waren, die immer wieder gebetet haben, die in der Ahnung dessen, worunter sie gelitten haben, Gott um Erlösung angefleht haben. Sie haben alle Gebete, die die Kirche vorschlug, immer wieder aufgesagt. Diese jetzt enttäuschten Menschen sagen: „Ich weiß nicht, gibt es Gott? Er erhört mich nicht. Ich kann nicht mehr beten. Ich bin völlig allein."

HERIBERT KÖRLINGS: Alles ist wie abgerissen.

EUGEN DREWERMANN: Es ist wie abgerissen. Die Menschen sind vereinsamt. Die Verbundenheit zu früher ist so zerstört wie eine Brücke, die man gesprengt hat, damit der Feind nicht nachrücken kann. – Einen solchen Zustand trifft man nicht selten an. Man kann ihn mit dem KIERKEGAARDschen Wort Verzweiflung benennen. Man ist sich selbst so weit entfremdet, dass man nicht weiß, wer man selbst ist und womit man es bei sich selbst zu tun hat. Ein solcher Mensch ist Mechanismen ausgeliefert, die man nicht mehr kontrollieren kann, und er ist, wie wir sagten, nicht mehr Herr im eigenen Hause. Es ist nun wichtig, nicht mit religiösen Formeln dagegen anzugehen, sondern sich erzählen zu lassen, seit wann das so ist. Wie ist es dazu gekommen? Was ist im Verlauf des letzten halben Jahres passiert, das den Umschwung von früher zu jetzt bewirkt haben konnte? Aus den Erlebnissen und Erinnerungen, die verursachend oder begleitend eine Rolle gespielt haben mögen, kann man Rückschlüsse auf die Persönlichkeitsstruktur ziehen, mit der man es zu tun hat. Wie hat der Betreffende sich im Vorlauf zu diesem Ersterben aller Gefühle verhalten? Wie kam es zur Überidentifikation mit der Not anderer und zum Übermaß an Verantwortung für das Leid anderer? Wie entstand diese Überstrapazierung eines guten Willens, der verschlungen wurde von allem, was über ihn hereinbricht? Wo hat er das gelernt? Wie hat er seine Eltern kennengelernt? Musste er als Kind die Not seiner Eltern beheben? – Mitunter genügt es für ein Kind, dass die Eltern anfangen, sich zu zanken. Das Kind spürt den Auftrag, die Eltern zusammenzuhalten. Wie brav und vermittelnd aber muss es dafür sein? Wie kann es wirken, um die Missverständnisse unter den Eltern so zu spiegeln, dass jeder den anderen doch wieder versteht? Die Eltern müssen zusammenbleiben, sonst zerbricht das Zuhause für ein Kind. Was aber passiert, wenn der Vater zum Trinker wird, weil er arbeitslos wurde? Wie kann man ihm helfen, Fröhlichkeit zurückzugewinnen? Das Kind muss das eigene Gefühl der Angst und des Leides, so gut es geht, unterdrücken, es muss fröhlich sein, damit der Vater fröhlich wird. Es muss zur Mutter des eigenen Vaters werden, damit es ein Zuhause bekommt. – Das alles müsste man durcharbeiten, bis der Betroffene seine eigenen Eltern in seiner Kindheit wiederfindet und er sich selbst in allem Geschehen, das ihn bis dahin geführt hat, wiedererkennen kann. Danach dann kann man in die Gegenwart zurückkommen und die Gebäude, die zerstört wurden, neu aufbauen. So könnte ein Wohnraum oder Kirchenraum neu entstehen und sich ein Allerheiligstes darin bilden. Freilich gelingt das meist nur langsam und sehr mühsam. Man kann es weder befehlen noch wegdrücken oder mit Formeln kaschieren; aber man kann es katalysieren mit Verständnis und Geduld.

Meine Wünsche und der Glaube

Heribert Körlings: *Inwieweit dürfen meine persönlichen Wünsche Platz im Glauben haben?*

Eugen Drewermann: Im Neuen Testament sagt Jesus: „Bittet, und ihr werdet empfangen“ (Mk 11,24). Er verspricht: „Alles, worum ihr bittet, wird Gott euch geben.« Er trägt sogar ein unverschämtes Gleichnis vor, um das zu erläutern (Lk 11,5–8): „Ihr selbst seid nicht wie Gott. Ihr seid keine guten Menschen“, sagt er; „ich beschreibe aber, was sogar ihr fähig seid zu tun: Da kommt jemand abends und verlangt, dass ihr ihm Brot gebt. Er hat Besuch bekommen und Gastfreundschaft ist ihm wie auch euch etwas Heiliges. Er muss den aus der Ferne gekommenen Gast bewirten, er kann es aber nicht. Deshalb klopft er an die Tür und bittet um Brot, aber ihr schlaft schon. Die ganze Familie, die Frau und die vier Kinder, sind da. Er soll sie nicht wecken. Er soll verschwinden. Aber er klopft weiter. Damit die Frau und die Kinder nicht aufgeweckt werden und die ganze Nacht schreien, wirst du schließlich aufstehen und ihm Brot durch den Türschlitz reichen, damit er endlich weggeht. Das macht ihr, wenn der andere nur lange genug klopft. Ihr, die ihr böse seid, könnt gut werden, um einen anderen loszuwerden, weil er euch lästig ist. Wie erst könnte es da bei Gott sein, wenn ihr ihm in den Ohren liegt? Ihr könnt Gott viel Besseres zutrauen. Ihr müsst ihm nicht beibringen, welche Bedürfnisse ihr habt. Gott versteht es auch ohne euer Bitten und so steht es auch in den Psalmen: ‚Noch ist ein Wort nicht auf meinen Lippen, da kennst du es ganz. Ich muss dir nicht sagen, was ich brauche, du weißt das'" (Ps 139,4).

Das Gleichnis ist von überzeugender Logik. Trotzdem ist die pauschale und totale Versicherung, Gott werde alles tun, worum wir ihn bitten, ein starkes Stück. Die Erfahrung der allermeisten geht dahin, dass das so nicht stimmt. Man hat um so vieles flehentlich gebetet und gebettelt, aber es wurde nicht erfüllt. Darum möchte ich eine Lösung für den Widerspruch finden zwischen der Verheißung Jesu, die stimmen soll, und der Erfahrung, die dagegenspricht.

Es geschieht recht häufig, dass Jesus nicht nur therapeutisch gehandelt und gesprochen hat, sondern dass er seine Auffassung bis in die Details hinein in Form von Paradoxien vermittelte. Nehmen wir, um das zu verstehen, die Situation der psychischen Betreuung, der Psychoanalyse. Die Entdeckung SIGMUND FREUDS lautete, dass man Menschen erlauben müsse, alles, was ihnen durch die Seele geht, unkontrolliert mitzuteilen. Die Zensur, die unbewusst weiterläuft, sollte, so gut es geht, ausgeschaltet werden. Der Patient sollte frei reden und assoziieren und dabei das Peinliche zuerst mitteilen. Auf diese Weise kommen viele Wünsche zur Sprache. Wenn man diese Wünsche ernst nimmt und sie anhört, wie ein Vater vielleicht seiner Tochter zuhört, schlägt man womöglich die Hände über dem Kopf zusammen und fängt an, dies und das zu verbieten. „Das kommt nicht infrage. Du wirst nicht mit deinem Freund nach Südfrankreich fahren. Nein, das geht nicht."

Anders in Seelsorge und Therapie. Wir hören einfach zu und erleben, dass Wünsche, die kommen, beim Aussprechen geläutert werden. Wenn wir sie nicht unterdrücken, klären sie sich wie eine Quelle, die aufbricht und mit viel Schmutzwasser zutage tritt; doch je länger sie fließt, reinigt sie sich im Fluss. Ganz so verhält es sich mit Wünschen. Wenn wir sie zulassen, wächst das Vertrauen. Wünsche dürfen sein, und wenn wir sie durchgehen, entsteht die Fähigkeit, damit vernünftig umzugehen. Ich fange an, mich zu fragen: Welche von meinen Wünschen will ich tatsächlich? Wie ist meine Umgebung, dass ich damit ankommen kann? Wie passt das, was ich wünsche, zu der Wirklichkeit, die ich kenne? Wie kann ich die Wirklichkeit so verändern, dass meine Wünsche dazu passen würden? Man beginnt, über die Wünsche in ihrer Realisierbarkeit, Akzeptabilität und im Umgang mit anderen nachzudenken. Das Ich stärkt sich, indem es Ja zu seinen Wünschen sagt. Die beste Wunscherfüllung, kann man auch sagen, besteht darin, zu lernen, wie man vernünftig damit umgeht.

Genau das erzählt, jenseits der Psychologie, ins Absolute gesteigert, der Evangelist LUKAS. Er nimmt dieselbe Stelle im Matthäusevangelium (Mt 7,7–8) und fügt eine außerordentliche Erklärung hinzu: Gott wird alles tun, worum ihr ihn bittet, *indem er euch seinen Geist gibt* (Lk 11,13). Alle Wünsche kulminieren und kanalisieren sich, sodass wir beginnen, so zu denken, wie es unserer Berufung entspricht und wie Gott in uns selbst denkt, wenn wir ihm zuhören. Das ist unser Glück. Das ist das zentral Wünschbare für uns. So ist das zu verstehen: Ihr findet euch selbst dabei, indem ihr eure Wünsche Gott zutraut und ihm antragt. Die Wünsche konzentrieren sich in euch, und ihr kondensiert das, was wesentlich ist. In euch selbst erfüllt es sich durch die damit einhergehende Personwerdung. Gott fängt an, in euch zu denken. Das ist das Schönste, was euch passieren kann. Es geht nicht um die Erfüllung aller möglichen Wünsche. Es geht nicht darum, dass Gott andauernd eingreift und wie magisch zum Erfüllungsgaranten unserer Bedürfnisse wird. Dabei ist Gott gewiss nicht so töricht, dass er von sich her nicht wissen könnte, was wir brauchen. Nicht um seinetwillen beten wir zu ihm, sondern um unsertwillen, um uns im Vertrauen mit unseren Bedürfnissen selber zu läutern.

Im Gebet der Wirklichkeit standhalten

Ich habe es als Kind so gelernt. 1944 war ich vier Jahre alt und lebte in einem kleinen Industriedorf, das gegen Ende des Krieges bombardiert wurde, weil dort eine Zechenanlage war, verbunden mit einem chemischen Werk, das mit dem sogenannten Haber-Tropsch-Verfahren aus Kohle Benzin herstellen konnte. Die Nazis hätten den Zweiten Weltkrieg nie ohne das Haber-Tropsch-Verfahren beginnen können. Sie mussten motorisch ihr Angriffspotenzial mit Benzin aufrechterhalten, um dann die Ölflächen erobern zu können, aus denen der nötige Treibstoff zu gewinnen war. Mein Heimatort wurde wesentlich wegen dieser chemischen und industriellen Anlagen bombardiert. In der Kirche nun hatte ich gehört, dass man beten muss: Kindergebet durchdringt die Wolken, sagte der Pfarrer. Kinder sind unschuldig. Ich habe mithin gebetet und gebetet. Es gab nichts Besseres, um zu beten, als dass Bergkamen nicht bombardiert wurde. Es wurde bis dahin auch nicht bombardiert, aber die Gefahr blieb stets gegenwärtig. Dortmund wurde massiv angegriffen. Abends konnte man am Himmel rot flammend sehen, wie die Großstadt im Westen in Flammen stand. Das sollte Bergkamen nicht passieren. Aber es geschah – schachbrettartig im September 1944 wurden 80 Prozent von Bergkamen zu einem Trümmerhaufen gebombt. Auch die Kirche wurde getroffen. Dass ich noch lebe, ist das reine Wunder. Die vier nächststehenden Häuser wurden durch eine Luftmine zerfetzt. Die Leute, die darin lebten, haben es nicht überlebt. Bei uns im Garten schlugen zwei Bomben ein. Ist das nun die Folge meines Gebets als Kind, dass ich verschont blieb? Haben die anderen weniger gebetet?

Ich habe schon als Kind aufgehört, so zu denken. Bei meinen Eltern habe ich gelernt, dass es egal ist, was passiert. Unser aller Leben liegt bei Gott, und was Tiefflieger bei den Bombenangriffen machen, ist etwas völlig anderes. Egal, was kommt, wir stehen bei Gott und wir leben in seinen Händen. Dieses Vertrauen kann man beim Beten lernen, nicht aber, dass Gott uns ein Unheil erspart, auch nicht eines von denen, die aus der Bosheit der Menschen über Menschen kommen. Damit müssen wir selber klarkommen, indem wir Ängste überwinden, unsere Aggressionen vermeiden und miteinander ins Gespräch kommen, anstatt uns im Kampfmodus mit Granaten und Haubitzen zu vernichten. Es ist absolut so, dass Gott Frieden möchte. Aber wir selber müssen damit anfangen.

Auch das habe ich im Bunker gelernt. Da waren nette Leute, mit denen man reden konnte. Aber es waren unsere eigenen Nachbarn, die erklärten: „Wenn wir jemanden von den Bomberpiloten herunterholen, werden wir ihn lynchen. Jedes Messer muss zur Waffe werden." Das waren an sich liebe Leute. Ich habe mich als Kind bemüht zu verstehen, aus welcher Angst sie reden. Wie viel Hass und Leid kann man ansammeln, um Menschen zu vernichten, die einen selbst vernichten? Aus solchen Fragen ist meine Berufung geworden: Wie kann man Angst überwinden, sodass die Folgeschäden langsam abgetragen, womöglich minimiert und überliebt werden im Sinne Jesu, durch Verstehen und Begleitung?

Heribert Körlings: Beten heißt, sich Gott überlassen.

Eugen Drewermann: Beten heißt, sich festmachen in einem Vertrauen, das diesen Wahnsinn übersteigt.

Heribert Körlings: Es bedeutet, dass ich die Realität nicht ausblenden muss. Ich schaue sie an, indem ich sie vor Gott stelle.

Eugen Drewermann: Beten gibt die Kraft, diese Realität zu erkennen und zu verändern, gibt die Energie, ihr zu widersprechen. Man hört auf, die Realität, diesen wahnsinnigen Zustand, in dem wir uns quer durch die menschliche Geschichte drehen, für normal zu halten. Das ist Gebet. Gott erspart uns kein Unheil, aber er hilft uns hindurchzugehen. – Ich weiß es nicht besser, als es mit dem Bild aus dem Lukasevangelium in Gethsemane zu schildern (Lk 22,39–46): Jesus bittet im Wissen dessen, was auf ihn zukommt, Gott möge es ihm ersparen, er möge den Kelch vorübergehen lassen, gekreuzigt zu werden, angespuckt zu werden, gehasst zu werden, mit aller Enttäuschung, die über ihn hereinbrechen kann. Der Vorwurf gegen ihn wird lauten, er habe Gott verkündet, indem er auf antirömische Weise für ihn eingestanden sei. Die Angst davor lässt Jesus beten, es würde ihm erspart bleiben. Lukas schildert aber, was Gott wirklich tut: Er erspart ihm gar nichts. Er schickt ihm einen Engel, nicht um den Kelch vorübergehen zu lassen, sondern um ihm einen Kelch zu bringen, der ihn stärkt, allem standzuhalten. Das ist die Art, wie Gott unsere Gebete erhört.

Heribert Körlings: Gott zeigt uns immer neue Möglichkeiten.

Eugen Drewermann: Gott hilft uns, allem standzuhalten. Das ist die Erfüllung der Gebete Gottes. Er gibt uns seinen Geist. Er befestigt uns in der Beziehung zu ihm selbst und macht den Glauben stark sowie unsere Persönlichkeit kräftig genug, sich nicht verformen zu lassen. Gott gibt uns die Energie, keine faulen Kompromisse einzugehen, uns selbst nicht zu verraten und uns nicht selber untreu zu werden. Das sind die Gebetserhörungen Gottes, seine Beiträge zu unserem Glück, wenn wir es begreifen.

Heribert Körlings: Der Punkt ist, den Schmerz nicht zu vermeiden.

Eugen Drewermann: Der Schmerz ist nicht zu vermeiden, aber er ist ein Schmerz des Wachstums, und ein solcher ist schön, zumindest im Rückblick. Im Vergleich mit dem, was wir Therapie nennen, ist eine solche Erfahrung außerordentlich hilfreich. Was wir als seelische Erkrankung beschreiben, habe ich vorhin mit dem Bild zu erklären versucht, dass man sich aus Angst nach einer verlorenen Schlacht in eine Festung zurückzieht. Psychisch ist das der Vorgang der Verdrängung und Abspaltung. Es besteht so viel Bedrohliches, dass man es nicht mehr wahrnimmt und an das Bewusstsein nicht mehr heranlässt. Man hat auf diese Weise scheinbar Frieden mit sich selbst geschlossen, man hat subjektiv weniger Angst. Aber es liegt darin der Ursprung einer Neurose, einer Abspaltung in der Seele, eines Dauerzustands von Krankheit. Man gehört sich immer weniger, je länger dieser Zustand andauert. Sein Vorteil liegt darin, dass man Schmerz vermeidet. Man vermeidet die anstehenden Auseinandersetzungen, indem man sich betäubt. Wie aber kann man dieses Problem beheben?

Wenn Sie Zahnschmerzen haben, gehen Sie zum Zahnarzt. Er weiß, wie man es macht. Als Erstes gibt er Ihnen eine Betäubungsspritze und kann Sie dann in Ruhe behandeln. Sie wackeln nicht mit dem Kopf herum, und er kann in Ihrem Gebiss herumbohren bis in die Wurzeln, weil Sie keinen Schmerz empfinden. Bei der Psychotherapie ist es ganz anders. Die Antischmerzspritze hat sich der Patient selbst durch die Verdrängung verordnet. Das ist der Gewinn seiner Krankheit, denn er ist in bestimmten Bereichen schmerzunempfindlich geworden. Nun aber sollen Sie den ganzen Vorgang wieder bewusst machen und den alten Schmerz aus dem Brunnen der Verdrängung nach oben holen. Das erneuert den alten Schmerz, und dem weicht man am liebsten aus. Das äußert sich als Behandlungswiderstand. Bei dem Besessenen von Gerasa war das in den Worten seines Schreiens zu erkennen: „Hör auf, mich zu quälen. Was habe ich mit dir zu tun, Sohn des Allerhöchsten" (Mk 5,7). „Lieber bin ich bei den Teufeln als bei dir", soll das sagen. Man wehrt sich gegen das, was sich verändern sollte, weil das, was falsch war, auch Beruhigung und Gewohnheit vermittelte. Es lag darin eine Vermeidung von Unliebsamkeiten, eine Beschwichtigung von Angst. Die Bewusstmachung indessen, die Reifung und Personalisierung, muss das alles wieder hervorholen. Das ist höchst unangenehm. Deshalb braucht man mehr an Vertrauen als an Angst. Man setzt gegen die Vergangenheit die neue Erfahrung mit etwas Besserem. Das ist an die Begegnung mit einer Person gebunden, welche die krank machenden Erfahrungen in der Vergangenheit zu einem Neuanfang in der Gegenwart öffnet.

HERIBERT KÖRLINGS: Etwas Ähnliches kann in jedem guten Gespräch geschehen. Im Miteinander entsteht der Raum, in dem man seinen Schmerz äußern und auch sein Versagen, seine Schuld, zugeben kann. Ich kann dem Gesprächspartner sagen: „Ich habe das falsch gemacht", ohne mein Gesicht zu verlieren.

EUGEN DREWERMANN: Man erlebt, dass die helfende und begleitende Person des anderen nicht so handelt, wie es von früher zu befürchten war. Sie verurteilt, beschimpft, erniedrigt und beschämt nicht. Im Gegenteil, sie versteht, sie erläutert, sie bleibt erreichbar, sie weist nicht zurück. Diese persönliche Erfahrung ist wesentlich. Das kann man sich nicht beim Lernen aus dem Lehrbuch beibringen.

HERIBERT KÖRLINGS: Man darf das erleben.

EUGEN DREWERMANN: Man merkt: Die alten Gefühle lassen sich durch das neue Erleben verändern.

HERIBERT KÖRLINGS: Es ist ein großes Geschenk, wenn man es erleben darf.

EUGEN DREWERMANN: Das Paradoxe ist, dass das, was die Kultur als ein Geschenk erweiterter Menschlichkeit in Gestalt der Psychoanalyse verändern sollte, heute nur noch für hundertvierzig Euro an der nächsten Ecke zu haben ist. In den Zwanzigerjahren des zwanzigsten Jahrhunderts war es der Glaube der psychoanalytischen Bewegung, einen entscheidenden Fortschritt zur Vermenschlichung durch ihr Bemühen um ein nicht verurteilendes Verstehen leisten zu können.

Heribert Körlings: Stattdessen wird das Gespräch verhaltenstherapeutisch akzentuiert und verstanden, vor dem Hintergrund von Konditionierung im Sinne des Behaviorismus.

Eugen Drewermann: Man hat am Ende nur noch eine Behandlungsvariante in verschiedenen routinierten Mechanismen aufgelegt. Wir sollten aber gerade im Sinne Jesu und des Christentums unser Menschenbild so ändern, dass alles, was heilend und heilsam wirkt, durch ein vertieftes Daseinsverständnis weiterwirken kann.

Hoffnung in der Treue zu Jesus Christus

Heribert Körlings: *Wofür kämpfen Sie? Können Sie Ihre Botschaft zusammenfassen, wenn Sie eine haben?*

Eugen Drewermann: Das sind die beiden Stellen aus der Bergpredigt. „Leistet dem Bösen keinen Widerstand" (Mt 5,39). Denn wenn ihr das nicht tut, vermehrt ihr und potenziert ihr das Böse in jede Höhe. Ihr müsst es überwinden, indem ihr wie Paulus auf das Böse antwortet mit dem Guten (Röm 12,21). An gleicher Stelle heißt es bei Jesus: Überwindet das Böse, indem ihr die Feinde liebt, betet für eure Verfolger (Mt 5,44). Ihr müsst begreifen, dass das Böse etwas ist, was der andere an eigenem Leid in sich trägt und nach außen abgibt. Nur durch Verstehen seiner Gründe kann man es überwinden, aber nicht durch Bekämpfen. Man mag Symptome unterdrücken, aber damit versteht man die Ursachen der Krankheit nicht. Das gerade aber möchte ich, und so interpretiere ich die Botschaft Jesu. Das ist der Grund, weswegen ich 25 Jahre lang in der katholischen Kirche als Priester tätig war und die Seelsorge dahin erweitern wollte, dass sie nach dem Maßstab Jesu heilend wirkt.

Ich bin damit bei dem zweiten Satz, der zentral ist aus der Bergpredigt: „Richtet nicht, verurteilt niemanden. Verschiebt das, was ihr in euch selbst bekämpft, nicht auf den anderen" (Mt 7,1–3). Wir sind am tüchtigsten darin, projektiv in dem anderen die Fehler zu bekämpfen, die wir selbst begehen. Die Rede Jesu ist überaus kostbar zur Selbsterkenntnis: Was du dem anderen am heftigsten vorwirfst und bei ihm verurteilst, ist das, was du dir selbst am meisten vorwirfst und aus Schamgefühl wegschiebst. Eine solche innere Aufklärung ist begleitet von Verstehen, Geduld und Güte – das beste Mittel, um Menschen ihre Bereitschaft zu Gewalt aus den Herzen zu streicheln. Ich möchte beides, nach innen wie nach außen, dass man so mit sich umgeht, dass das Böse zum Guten reifen kann. Menschen sollten weniger die Ambivalenzen gegeneinander geltend machen, die in der Natur liegen, sondern zu Gott hinkommen, der jenseits der Ambivalenzen auf uns wartet, – aus dem wir kommen und zu dem wir zurückkehren.

Das in der Tat bleibt meine Hoffnung, für die ich plädiere und in Dankbarkeit auf unser Gespräch zurückblicke. Wir sprechen bei allem, wenn von Glauben die Rede ist, von einem Vertrauen in die Unsterblichkeit in Gottes Händen. Wir werden nicht in diese Welt geboren, um darin zu sterben. Wir wurden nicht geformt, um uns wieder aufzulösen. Wir sind nicht, wie die Naturwissenschaften erklären, lediglich ein komplexer Durchfluss von Energie, fernab vom thermodynamischen Gleichgewicht. Demnach wären wir allenfalls für eine kurze Zeit dabei, an einer bestimmten Stelle das Maß der Entropie im Kosmos zu vermindern, während wir es im Ganzen gerade dadurch vermehren. Die Natur hat tatsächlich mit uns nichts weiter vor, als uns zurückzunehmen, kaum, dass sie uns geschaffen hat. Gott aber ist, Gott sei Dank, nicht identisch mit der Natur. Wir trauen Gott zu, dass er uns geschaffen hat, weil er wollte, dass wir sind. Er, der Ewige, wird sich nicht selbst widerrufen. Wenn er uns so gemacht hat, darf ich glauben, dass er möchte, dass wir sind und bei ihm bleiben, in einem Reifeprozess der Liebe, der nie aufhört. Das ist es, was ich den Himmel nenne.

Was ich, solange ich lebe, auf Erden versuchen möchte, besteht darin, den Widerschein, der durch die sich öffnende Tür unseres Lebens schon jetzt aus der Welt Gottes in die Erfahrungswelt des Diesseits dringt, zu vermitteln und sichtbar zu machen. Wenn der Vorhang sich hebt, treten wir jeder für sich in das Licht Gottes ein. Wenn es dunkel wird, ist die Reflexion des Mondes, der am Himmel steht, ein Zeugnis für die Sonne. Unsere Seele sollte werden wie die Mondsichel in der Nacht und wachsen zum Vollmond, der die Nacht durchleuchtet.

Heribert Körlings: Herzlichen Dank, Herr Doktor Drewermann, für dieses intensive Gespräch.

Eugen Drewermann: Danke schön, Herr Körlings. Es ist für mich ein Geschenk, solche Gespräche führen zu dürfen, angeregt durch Schüler des Kaiser-Karls-Gymnasiums in Aachen, die fragen, die neugierig sind, die um sich selbst ringend wissen wollen, was sie trägt. Sie zu begleiten mit unserem Gespräch ist mir ein Bedürfnis, eine Freude und ein bisschen Glück, wenn es sich erfüllen dürfte.

Bibelstellenregister

Matthäusevangelium (Mt)

Psalmen (Ps)

Sacharja (Sach)

Tobit (Tob)

Zweiter Korintherbrief (2 Kor)

Die Autoren

Dr. Eugen Drewermann ist Theologe, Psychoanalytiker und Schriftsteller mit internationaler Reichweite; er gehört zu den erfolgreichsten theologischen Autoren. Für sein friedenspolitisches Engagement wurde er 2007 mit dem Erich-Fromm-Preis ausgezeichnet, 2011 erhielt er den internationalen Albert-Schweitzer-Preis, 2019 den Preis der Internationalen Hermann-Hesse-Gesellschaft. Der gefragte Referent nimmt immer wieder Stellung zu aktuellen gesellschaftspolitischen Fragen.

Heribert Körlings, M.A., war Studiendirektor in Aachen und hält Vorträge und Gesprächsabende zum Werk Eugen Drewermanns. Bei Patmos hat er drei Textsammlungen zum Thema herausgegeben:

Das Eugen Drewermann Lesebuch
Im Einklang leben. Worte zur Schöpfung
An der Quelle des Lebens. Worte mit Herz und Verstand